내가 산 주식은
왜
안 오를까?

내가 산 주식은 왜 안 오를까?

··· 주식투자 이것만 알아도 레벨업 ···

진홍국 지음

 경이로움

차례

chapter 3 실전 조언으로 알아보는 '투자 전략'

chapter 4 그 외 주식시장의 이모저모

에필로그

prologue

중소형주를
13년간 파면
보이는 게임의 룰

필자는 한국투자증권에서 제약/바이오 산업과 기업을 분석하는 애널리스트였습니다. 요즘엔 굉장히 다양한 애널리스트들이 존재하는데, 필자의 경우 증권회사에 소속된 전통적인 제도권 애널리스트입니다. 2008년 처음 증권회사에 입사하여 2021년까지 어느덧 13년 넘게 기업 분석 일을 해왔습니다. 그리고 지금은 회사의 향후 미래가치를 보고 알테오젠의 자회사 알토스바이오로직스라는 바이오 기업에서 CFO(최고재무책임자)로서 새롭게 커리어를 시작했습니다.

　처음에 필자는 애널리스트의 일을 보조하는 RA(Research Assistant)로 입사했습니다. 그 후에는 IT중소형주 애널리스트로 데뷔하여 삼성전자, 애플 등에 부품을 납품하는 중소형 IT주식들을 분석했습니다. 그리고는 비교적 회사의 규모가 작은, 즉 시가총액이 작은 회사들을 분석하는 **스몰캡**[1] 애널리스트로 업종을 변경했습니다. 그리하여 IT뿐 아니라 엔터테인먼트, 바이오 등으로 분석 대상을 한층 더 넓히며 제약/바이오 섹터 애널리스트까지 맡게 되었습니다. 중간에는 자산운용사로 이직하여 펀드를 맡아 운용하기도 했습니다. 기업 분석 보고서만 쓰다가 직접 주식을 운용해보니 또 다른 배움을 얻을 수 있었습니다. 이러한 과정에서 주식시장을 13년 이상 꾸준히 지켜봤고 뛰어난 선후배, 동료들로부터 감사하게도 주식과 주식시장에 대해 많은 것을 배울 수 있었습니다.

조금 자랑을 덧붙이면 필자는 매일경제나 한국경제 같은 경제지에서 선정하는 베스트 애널리스트에도 여러 번 선정된 바 있습니다. 이 상은 자산운용사 펀드매니저들의 설문조사 결과를 기반으로 수상자를 선정합니다. 그러니 이런 수상 기록들은, 펀드매니저 분들이 투자 결정을 내릴 때 필자의 분석에서 많은 도움을 받았다고 생각해 준 덕분입니다. 하지만 상을 받았다는 사실 자체보다 필자가 펀드매니저들과 그만큼 소통을 자주했고, 그러면서 그들이 어떻게 주식을 바라보고 투자 결정을 내리는지 자연스레 엿보며 함께 호흡해왔다는 점을 강조하고 싶습니다.

그뿐만이 아닙니다. 필자가 주로 맡았던 종목은 스몰캡과 **바이오**였

---

[1] Small Cap. Small Capital의 약자로 상장 또는 등록된 시가총액이 작은 회사들인 중소기업주를 뜻한다. 출처: [네이버 지식백과]

는데요, 혹시 이 두 단어에서 공통적으로 떠오르는 점이 있나요? 바로 개인투자자들이 비교적 좋아하는 주식이고 주가의 변동성도 크다는 점입니다. 10년 넘게 개인들이 좋아하는 주식을 분석하고 투자 의견을 내다보니 기관투자자뿐만 아니라 개인투자자의 투자 성향이나 심리를 면밀히 파악하게 되었습니다. 물론 외국인 투자자들과도 꾸준히 소통해왔기 때문에 주식의 3대 수급인 개인, 기관, 외국인을 두루 겪으며 자연스레 주식시장의 생리를 체화할 수 있었습니다.

필자는 기관투자자들을 주로 상대해 온 증권사 애널리스트지만 이제는 수급의 주체가 된 개인투자자들의 투자 심리를 파악하기 위해 개인투자자들과 대화도 하고 인터넷 주식투자 게시판에 자주 들어가 봅니다. 여기서 필자가 느낀 점은 개인투자자들이 잘못된 정보에 노출되어 옳지 못한 판단을 하는 경우가 많았고 주식시장 혹은 주식투자에 대한 오해와 편견도 크다는 것이었습니다.

그래서 필자는 애널리스트로 재직하는 동안 개인투자자분들에게 전하고 싶은 이야기를 틈틈이 글로 쓰기 시작했고, 애널리스트 직을 떠나면서 비로소 그 글을 책으로 내놓게 되었습니다. 이 책의 목적은 초보 주식투자자가 **한 단계 더 성장해서** 스스로 올바른 방향으로 투자 판단을 내릴 수 있도록 돕는 것입니다. 지나치게 학문적이거나 복잡하게 특정 기업이나 산업을 분석하기보다는 주식시장이라는 세계를 지배하는 **게임의 룰**을 알려드리려 합니다. 게임에서 승리하려면 게임의 룰을 제대로 파악해야 합니다. 이 책을 읽고 어느 정도 내용을 이해한

내가 산 주식은 왜 안 오를까?

다면 비로소 이 룰을 숙지하게 된 것이며, 적어도 초보 소리를 더는 듣지 않을 것입니다. 더 나아가서는 주식 선수인 '척'도 할 수 있을 것이라고 확신합니다. 물론 이 책을 다 읽고 난 후에도 공부해야 할 내용은 끝이 없겠지만 적어도 앞으로 무엇을 공부해야 될지, 지금 내가 하고 있는 투자 방식이 옳은지 아닌지는 자체적으로 판단할 수 있을 겁니다.

주식투자를 할 때 꼭 알아야 할 여러 내용을 하나씩 지루하지 않게 풀어내겠습니다. 이 책을 접한 후 주식시장에 대한 식견이 넓어져 투자 활동에 조금이나마 도움이 되길 바랍니다. 끝으로 이 책을 집필하면서 많은 응원과 조언을 준 가족들, 동료들에게 감사의 말씀을 전하고 싶습니다. 그리고 언제나 성원을 보내주시는 알테오젠과 알토스바이오로직스 주주 여러분들께도 감사드립니다.

개미들만 아직도 모르는 게임의 룰

주식은 철저히 어떠한 메커니즘에 의해 움직입니다. 그리고 주식시장 메커니즘은 계속 변합니다. 하지만 그 안에서도 변하지 않는 기본적인 메커니즘을 파악하면 주식시장에서 돈을 벌게 될 것입니다. 실제로 많은 시장 참여자들이 각자 파악한 자기만의 메커니즘을 가지고 투자에 참여하고 있습니다. 이 책에서 필자는 나름대로 터득하고 파악한 메커니즘을 쉽게 전하고자 하는데요, 도대체 무슨 메커니즘이 있다는 건지 궁금한 분들을 위해 맛보기 사례를 들어보겠습니다.

주식 매수 후 **주가의 변동 과정**을 여행에 빗대어 설명해보겠습니다. 다섯 명의 친구들이 함께 즐거운 여행을 떠나기로 했습니다. 목적지는 부산이라고 가정해 보겠습니다. 차에 타서 내비게이션에 '해운대'라고 입력했습니다. 예상 소요 시간이 5시간 30분으로 나옵니다. 지금이 오후 12시니까 **내비게이션의 예상 도착 시간**은 오후 5시 반이죠. 즐거운 마음으로 운전을 하며 가는데 한 친구가 이야기합니다.

"난 내비게이션을 못 믿겠어. 틀릴 때가 많거든. 그래서 말인데, 우리가 정말 해운대에 5시 반까지 도착할 수 있을지 **내기**해볼까?"

심심했던 친구들은 모두 동의했습니다. 친구는 이 게임의 룰을 다음과 같이 설명합니다.

"**실제 도착 시간**에 가장 근접한 시간을 맞추는 사람이 판돈을 다 갖는 거야. 각자 예상하는 도착 시간에 베팅해보자. 그리고 중간중간에 누구나 예상 시간을 바꿀 수 있어. 편의상 예상 시간은 30분 단위로 하자. 단, 바꾸려는 시간대에 이미 다른 친구가 베팅했다면 그 자리는 돈을 지불해서 살 수 있어."

모두가 룰에 동의하고 각자 원하는 시간대에 베팅합니다. 한 친구는 내비게이션이 알려주는 대로 5시 반에 베팅을 했고, 부산을 많이 가봐서 교통 상황을 잘 안다고 뻐기는 한 친구는 이 시간대에는 길이 안 막혀 조금만 밟으면 의외로 빨리 갈 수 있다며, 4시 반에 베팅합니다.

내가 산 주식은 왜 안 오를까?

나머지 셋은 운전자의 성향, 휴게소에서의 식사 여부, 날씨 등 여러 가지 요소들을 고려하여 각자의 생각에 따라 6시, 6시 반, 7시에 베팅했습니다. 이제 차가 출발했습니다. 판돈은 두당 100만 원이라고 가정하겠습니다. 그런데 슬슬 길이 막히기 시작합니다. 이상하게 오늘 평소보다 교통량이 많네요. 4시 반에 베팅한 친구A가 초조해지기 시작합니다. 그는 5시 반에 베팅한 친구B에게 말합니다.

"나 5시 반에 베팅하고 싶은데 그 자리 나한테 10만 원에 팔아라."

친구B가 말합니다.

"생각 없어. 내가 이길 것 같은데… 안 비킬래."

친구A가 다시 제안합니다.

"좋아, 그럼 20만 원 줄게. 나한테 그 자리 넘겨줘."

친구B가 어이없다는 듯 말합니다.

"이기면 내가 400만 원을 버는데 20만 원 때문에 그걸 포기하라고?"

결국 거래는 성사되지 않았습니다. 그런데 고속도로 정체가 풀릴 기미가 안 보이네요. 그럼에도 무슨 이유인지 6시에 베팅한 친구C가 넌지시 친구A에게 말합니다.

"10만 원에 '4시 반'을 나한테 팔아라."

친구A는 잠시 흔들립니다. 이런 교통 상황이 계속되면 5시 반은 커녕 6시에도 도착하기 힘들어 보였거든요. 그럴 바에는 지금 10만 원에 4시 반을 팔고 6시나 6시 반 자리를 한번 노려보는 것도 좋겠다는 생각이 들었습니다. 길이 나중에 더 막히면 분명 친구들이 다음 시간대를 노릴 것이고 그러면 가격이 또 올라갈 테니까요. 친구A는 과감하게 10만 원을 받고 친구C에게 4시 반 자리를 물려줍니다.

친구A는 자연스럽게 친구C의 6시 자리로 베팅을 옮겼습니다. 아직 부산에 도착도 안 했는데 10만 원을 번 것 같아 기분이 좋습니다. 그런데 갑자기 저쪽에서 앰뷸런스 사이렌 소리가 들립니다. 아무래도 사고가 난 것으로 보입니다. 이렇게 되면 도착 시간이 더 늦어질 수밖에 없겠는데요. 갑자기 내비게이션이 도착 시간을 재산출합니다. 모래시계 그림이 정신없이 돌고 있습니다. 예상 도착 시간이 이제는 5시 반에서 6시 반으로 늦춰졌습니다. 순간 다른 친구들이 6시 반과 7시에 베팅한 친구 D와 E를 쳐다봅니다. D와 E가 미소를 짓고 있네요. D와 E가 친구들에게 말합니다. "절대 안 팔아!"

여기까지 읽었을 때 대충 필자가 무슨 이야기를 하려는지 감이 오시나요? 위의 이야기를 주식시장에 적용해보겠습니다. 내비게이션 예상 도착 시간은 **시장의 기대치**입니다. 이 기대치는 경기상황, 실업률 같은 경제지표일 수도 있고, 실적이나 수주, 신약 개발 같이 기업에 대한 기대일 수도 있습니다. 이러한 시장의 기대치는 주로 증권사의 애널리스트들이 예상한 전망치의 평균으로 표현됩니다. 혹은 기업들이 스스로 제시하기도 합니다. 일부 회사에서 '가이던스'라는 이름으로 시장에 자신들의 전망치 혹은 사업 계획을 먼저 제시하는 경우죠. 투자자들은 그 기대치를 잣대로 투자 결정을 내립니다. 자신들이 생각하기에 그 기대치가 충분히 실현 가능하다면 주가는 아직 "싸다."라고 생각되어 오를 것이고, 실현이 어려워 보이면 "비싸다."라면서 주가는 떨어집니다.

그런데 대외 여건이나 현재 돌아가는 상황을 보니 A라는 회사가 기대치를 충분히 상회할 것으로 보이는 겁니다. 그 기대치를 믿고 A 회사 주식을 샀는데, 언론에서 올해 A 회사의 수주가 크게 터질 전망이라고 합니다. 전년보다 그 양이 훨씬 많다고도 합니다. 이러한 기대감을 반영하며 주가가 오르기 시작합니다. 그러다 얼마 뒤 수주 공시 하나가 공개되었습니다. 수주 금액이 엄청납니다. 올해 기대치를 대폭 상회할 수 있는 금액입니다. 이런 수주 공시를 필자는 앰뷸런스 사이렌 소리로 비유했는데요, 이 모든 것이 기본적인 주식시장의 메커니즘이라고 볼 수 있습니다. 투자자들은 어떠한 기대를 가지고 한 회사의 주식을 사고, 그 기대가 현실이 될 수 있을지를 여러 변수 속에서 계속 주시하는 구조입니다.

그럼 이 내비게이션 베팅에서 승리하기 위해 가장 중요한 두 가지는 무엇일까요? 바로 **1) 시장 기대치**(예상 도착 시간)의 **실현 가능성**을 따지는 **분별력, 2) 뉴스나 공시**(앰뷸런스 사이렌)가 회사의 영업 혹은 주가에 미칠 **파급력**을 가늠하는 판단력일 것입니다.

1) 먼저 시장 기대치의 달성 여부를 아는 방법은 여러 가지가 있습니다. 일례로 방금 언급한 "있던 것이 없어지거나 없던 것이 새로 생기

는 사건"은 시장의 기대치를 완전히 상회하거나 하회하는 이벤트입니다. 그때는 앰뷸런스 사이렌 소리를 듣고 당황하는 친구들처럼 투자자들이 분주해집니다.

2) 다음으로 뉴스의 파급 효과를 파악한 후 이 뉴스가 지금 주가에 반영됐는지 판단하는 것도 중요합니다. 만약 내비게이션 예상 도착 시간인 5시 반이 교통 정체와 앰뷸런스가 오는 시간을 모두 반영한 것이라면, 결국 해운대에는 5시 반에 도착할 것이고, 그 이후에 도착한다는 데에 베팅한 친구들은 모두 돈을 잃을 것입니다. 내비게이션이 말하는 5시 반이 교통 정체를 반영한 것인지 아닌지를 파악해야 올바른 베팅을 할 수 있습니다.

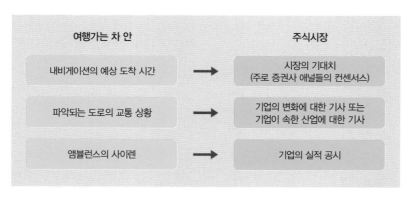

주식시장의 메커니즘

chapter 1

국내의 주요
10개 기업으로
알아보는
'게임의 룰'

씨젠으로 알아보는
시장 기대감

"대체 왜 이렇게 좋은 상황에 주가가 안 오르는 거지?"

주식에 투자하면서 이런 생각을 많이 해봤을 겁니다. 호재가 발생했음에도 주가가 오르지 못하면 시장 참여자들이 뉴스를 이해하지 못했다고 볼 수도 있지만, 대부분 **주가에 선반영**되었다고 판단하는 것이 더 합리적입니다. 이해를 돕기 위해 모 언론 보도를 일부 발췌해봤습니다. 아래 뉴스를 한번 읽어보세요.

매출액 1조 원도 '어닝쇼크'?… 고삐 풀린 증권사 리포트

"전년 대비 영업이익 3000% 상승. 하지만 어닝쇼크."

코스닥 기업 씨젠에 대한 증권사 리포트 내용이다. 씨젠은 지난해 매출액 1조1252억 원을 기록하며 전년 대비 822.7% 증가했다. 순이익 역시 5031억 원으로 1783.8% 상승했다. 모든 경영지표가 상승했지만, 리포트를 작성한 애널리스트는 '어닝쇼크'를 외쳤다. 증권사가 정한 기대치(컨센서스)에 미치지 못했다는 이유다. 2021년 1분기 매출액 역시 전 분기 대비 감소할 것으로 예상했다. 그렇다면 해당 기업은 '매도'해야 할까. 리포트를 작성한 애널리스트의 의견은 '매수'다. 목표가 역시 리포트를 발간한 전일 종가의 2배에 가까운 액수를 제시했다. 하지만 리포트가 공개된 후 해당 기업의 주가는 30% 넘게 폭락 중이다. 대체 증권사 리포트는 어떻게 봐야 할까.

[경향신문 2021.02.28]

위 기사는 크게 두 가지의 의문점을 제시하는 것으로 보입니다.

첫째. **씨젠**의 작년 순이익이 전년 대비 1,800%나 상승했는데 증권사는 **어닝쇼크**[2]를 외쳤고, 주가는 폭락했다. 왜 실적이 이렇게도 좋은데 어닝쇼크인 것인가? 그리고 왜 주가는 빠지는 것인가?

둘째. 어닝쇼크라면서 왜 애널리스트 투자 의견은 여전히 매수인가?

....

2   Earning Shock, 시장 기대치에 크게 못 미치는 실적

내가 산 주식은 왜 안 오를까?

두 번째 질문에 대한 부분은 책 후반부에서 다시 상세히 말씀드리겠습니다. 매도 의견을 자유롭게 펼치기 어려운 애널리스트들의 속사정에 대한 이야기입니다.

첫 번째 질문에 대한 답은 "언제나 미래의 이벤트를 미리 반영하는 것이 주식시장의 기본 메커니즘."이라는 것입니다. 먼저 작년의 순이익이 전년 대비 1,800%나 상승했다는 것은 전혀 놀랍지 않은 이야기입니다. 씨젠의 실적은 이미 2분기부터 폭발적으로 증가했기 때문입니다. 시장 참여자들은 2분기부터 3분기까지 약 6개월간의 높은 실적 성장을 경험한 상황입니다. 따라서 4분기에도 실적이 잘 나와서 연간 1,800%의 이익증가율을 보여준다 해도 주가엔 이미 호실적이 반영됐

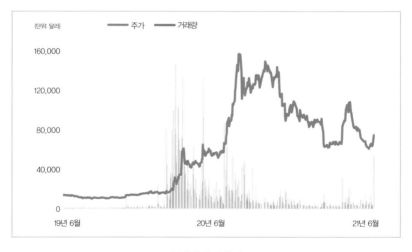

씨젠의 주가 추이

(출처: 저자 직접 작성)

기에 더 오를 것이 없죠. 이미 코로나19가 창궐한 초기부터 주가는 상승 곡선을 그리기 시작합니다.

다음으로 기사 내용에서는 이익이 연간 1,800%나 증가해도 어닝쇼크를 외쳤다는 것이 의아하다는 뉘앙스를 풍기고 있습니다. 증권사의 어닝쇼크는 정확하게는 4분기 실적을 이야기하는 것이고 1,800%라는 숫자가 굉장히 큰 폭의 성장을 의미하는 것은 맞습니다. 그러나 시장은 그보다 더 큰 증가치를 **기대**했기 때문에 아무리 1,800%라는 숫자가 나타나도 어닝쇼크로 받아들이는 것입니다. 4분기 씨젠의 **컨센서스**[3]는 매출액 4,777억 원, 영업이익 3,159억 원, 순이익 2,310억 원이었습니다. 반면 씨젠의 4분기 실제 성적은 매출액 4,417억 원, 영업이익 2,575억 원, 순이익 1,866억 원이었습니다. 순이익은 컨센서스를 19% 하회했습니다.

컨센서스는 애널리스트의 추정치가 모여 만들어진 수치입니다. 애널리스트들은 씨젠의 4분기 영업이익과 순이익을 전망하고 이러한 숫자들을 근거로 투자 의견과 목표 주가를 제시하는데, 어쨌거나 이는 예상치입니다. 그리고 이 숫자를 믿거나 기대하고 씨젠에 투자한 투자자들은 실제 결과에 실망할 수밖에 없죠. 결국 주식투자에서는 어떠한 기업의 실적이 1,800% 늘어난 사실보다는 그 회사의 성적이 **기대치 대비 높은가(Up) 낮은가(Down)**를 판단하는 것이 더 중요합니다.

....

3   Consensus, 전문가들의 평균 전망치

기대치가 주가에 반영되어 있는지는 어떻게 판단하지?

시장의 기대치가 주가에 반영되어 있는지를 판단하는 잣대는 크게 **기본적 분석**(기업의 가치 평가)과 기술적 분석(주가 차트 해석)으로 분류할 수 있습니다. 기본적 분석은 다시 내비게이션 게임을 예로 든다면 현재 남은 거리, 도로 상황, 날씨, 과거 사례 등에 비추어 몇 시에 도착할 수 있을지를 판단하는 것입니다.

반면 기술적 분석은 일종의 눈치 게임입니다. 예컨대 친구들이 자꾸 6시, 6시 반, 7시에 베팅하려는 걸 옆에서 지켜본다면 창밖을 보지 않아도 지금 교통 체증이 엄청 심하다는 것을 느낄 수 있는 것처럼요. 대기 줄이 긴 식당을 보고 소문난 맛집이라고 생각하는 것과도 같습니다. 지나가다 어떤 식당에 줄이 길게 서 있다면 "이 집은 정말 맛있나 보다."라고 자연스럽게 생각하니까요. 반대로 기본적 분석, 즉 기업 분석은 "손님들이 얼마나 길게 줄을 섰는가?"라는 것보다는 요리의 종류, 사용하는 재료, 요리의 비주얼, 요리사의 경력 등 여러 가지 데이터를 통해 이 요리가 맛있을지를 판단하는 것과 같습니다.

필자는 기업 분석 전문 애널리스트였던 만큼 이 책에서 기술적 분석보다는 기본적 분석에 더 집중하고자 합니다. 지금부터 여러분이 좋은 주식을 고른 후 시장의 기대치를 가늠하고, 뉴스가 주가 혹은 사업에 미칠 강도를 파악할 수 있는 방법을 차차 알려드리겠습니다.

안랩으로 알아보는
테마주

여러분은 매수할 주식을 어떻게 고르세요? 어떤 주식을 사든 간에 **투자 목적**을 명확히 해야 합니다. 투자 목적은 크게 1) 투자 기간 그리고 2) 요구수익률로 구분할 수 있습니다.

1) 투자 기간은 "얼마나 오래 들고 있을 생각인가?"라는 것입니다. 단타를 칠 거면 단타에 맞는, 장기투자를 할 거면 장기투자에 걸맞은 종목이 필요합니다. 참고로 언론 등에서는 장기투자를 권장하는 분들이 많지만 필자는 무조건 장기투자만 권하고 싶지는 않습니다. 사람마다 성향과 처한 상황이 다르기 때문입니다. 한편 2) 요구수익률은 "주어진 기간 안에 얼마의 수익을 내고 싶은가?"입니다. 요구수익률에 따라 투자 대상도, 감내해야 할 리스크도 달라질 것입니다.

단타 주식은 곧 오를 것이기 때문에 지금 당장 사야 되는 주식이어야 합니다. 혹은 오래 들고 있으면 안 되는 주식이라고도 정의할 수 있습니다. 일반적으로 단기에 급등한 주식들은 단기적으로 하락하기 마련입니다. 특히 기업의 펀더멘털 개선 없이 주가가 오른 경우는 더욱 그렇습니다.

단타는 당일에 매매하기도 하고 짧게는 몇 분, 몇 초만 보유하다가 매도하기도 합니다. 이를 **스윙매매**[4] 혹은 **스캘핑**[5]이라고 합니다. 단타는 매수와 매도 시점을 잘 잡아야 합니다. 주식 호가창을 하루 종일 들여다보기가 힘든 분들에게는 적합하지 않은 주식투자 콘셉트입니다.

단타의 대표적인 예를 들면 정치 **테마주**가 있습니다. 특정 정치인이 선거에 출마하거나 출마하여 지지율이 오르면 그 정치인과 관련 있다고 알려진 주식들의 가격이 덩달아 오르는 경우입니다. 이런 투자 콘셉트는 단타일 수밖에 없고 단타여야 합니다. 왜냐면 선거가 끝나면 급히 올랐던 주가가 고꾸라질 수밖에 없기 때문이죠.

가장 잘 알려진 정치 테마주는 **안랩**입니다. 안랩은 안철수 국민의당 대표가 과거에 설립한 회사입니다. 지금은 안랩 대표직을 맡고 있지 않습니다. 안철수 대표가 2012년 대선에 출마했을 때 안랩의 주가가 10배 이상 폭등한 적이 있습니다. 안철수 대표가 대통령이 되면 본

....

4   Swing, 일반적으로 수일 내 차익을 실현하는 단기 매매 방식.

5   Scalping, 초단타매매

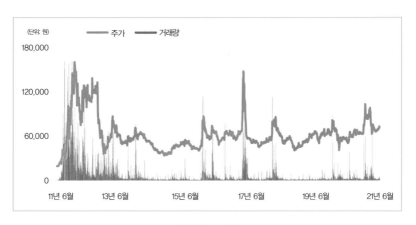

안랩 주가 추이

(출처: 저자 직접 작성)

인이 설립한 회사인 안랩이 어떤 쪽으로든 수혜를 입을 것이란 기대가
있었기 때문입니다. 하지만 그가 대통령 선거 출마를 문재인 현 대통
령에게 양보하면서 한때 16만 원까지 갔던 주가는 4만 원까지 내려왔
습니다. 당시 안랩에 투자한 이들은 안철수 대표가 대통령이 될 수 없
겠다는 시그널을 포착했을 때 재빨리 탈출(?)했어야 큰 손실을 막을
수 있었을 것입니다. 이런 종목은 "지금은 내려가더라도 언젠가는 다
시 오르겠지."라고 안일하게 생각하며 장기투자하면 안 됩니다.

내가 산 주식은 왜 안 오를까?

만도로 알아보는
모멘텀 투자

또 다른 단타 주식은 소문에 사서 뉴스에 파는 **모멘텀**[6] 투자입니다. 주식시장에는 여러 소문이 난립합니다. 기업의 미공개 내부 정보를 이용해 주식투자를 하는 것은 법적으로 금지되어 있지만, 큰 호재가 있을 경우 어느 정도 소문이 나기 마련입니다. 그리고 그 소문들 중 일부는 실제로 들어맞기도 합니다. 그럴 경우 주가는 미리 오르고 호재가 노출되는 순간 급락하죠. 이처럼 호재가 나오기 직전까지 주가가 오르다가 호재 노출 이후 주가가 하락하는 경우는 비일비재합니다.

자동차 부품회사 **만도**의 예를 들어보죠. 만도는 2021년 3월 22일 아래와 같이 좋은 소식을 시장에 전합니다.

. . . .
6   Momentum, 회사 주가가 오를 만한 소재.

> ### 전기차 1등 선언 폭스바겐發 잭팟 터트린 만도, 1.4조 수주
>
> 글로벌 자동차 부품사인 만도가 폭스바겐그룹으로부터 5000만개 규모의 서스펜션 제품 수주하면서 잭팟을 터트렸다. 서스펜션 단일 품목으로는 역대 최대 규모다. 일반적으로 서스펜션 부품은 차량 한 대당 4개가 장착되기 때문에 연간 수주 물량으로는 600만(Peak)개에 달한다. 수주 금액도 만도의 서스펜션 연간 매출액(1조 원)을 훨씬 웃도는 1조 4000억 원에 이른다.
>
> [머니투데이 2021.03.23]

그러나 발표 당일 차트를 보면 호재가 나온 이후 주가가 하락했습니다. 7만4,300원에서 **음봉**[7]을 나타내면서 그날 주가는 6만9,400원으로 마무리되었습니다. 3월 11일부터 뉴스가 나온 3월 22일까지 주가가 오르다가 언론 보도 직후 하락했습니다. 시장에 소문이 퍼져서 주가가 미리 오른 것이라는 증거는 없습니다만, 결론적으로는 호재 발생 직후 주가가 하락한 사례라고 할 수 있습니다. 여러분도 어떠한 호재가 발생했을 경우, 혹은 호재가 있을 예정이라는 이야기를 접했을 경

....

7   종가가 시가보다 낮을 경우 음봉, 높을 경우 양봉

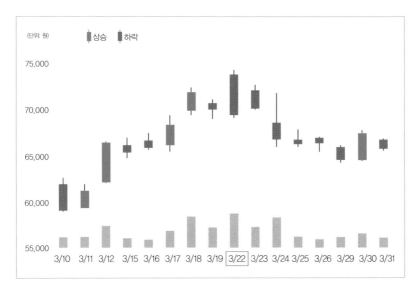

(출처: 저자 직접 작성)

2021년 3월 22일 전후 만도 주가

우 그동안 해당 기업의 주가 흐름이 어땠는지 꼭 확인해 보시기 바랍니다. 주가가 이미 꽤 올랐다면 호재에 대한 소문이 벌써 많이 퍼진 상황일 수도 있으니 주의할 필요가 있습니다.

삼성전자로 알아보는 가치주

　그렇다면 **장기투자**는 주로 어떤 경우에 할까요? 단기적으로는 다음 분기 혹은 다다음 분기에 예상보다 좋은 실적을 달성할 것을 기대한 투자일 수도 있겠습니다만 주로 큰 산업의 트렌드나 세상의 변화를 읽어서 하는 투자도 이에 해당될 것입니다. 앞에서 말한 "있던 것이 없어지고 없던 것이 생기는" 그런 세상의 큰 변화 말이죠.

　이러한 장기투자에서 투자의 콘셉트는 크게 두 가지입니다. 1) 하나는 실적이 증가하는 혹은 증가할 기업에 투자하는 것입니다. 보통 실적의 증가세가 확대될 때 주가도 더욱 가파르게 오릅니다. 그리고 실적 증가세가 꺾이는 시점에는 주가가 하락하기 시작합니다. 실적 증가세가 확대된다는 의미는 예를 들어, 올해는 순이익이 전년 대비 15% 증가하는데 내년에는 25%, 내후년에는 35% 증가하는 경우입니다. 이러

내가 산 주식은 왜 안 오를까?

한 주식들을 성장주(Growth Stock)라고 부릅니다. 미국의 테슬라(Tesla)나 아마존(Amazon), 우리나라의 쿠팡과 같은 회사들이 여기에 속합니다. 특히 이런 기업들은 장기간 영업적자를 냈음에도 언젠가는 돈을 아주 많이 벌 것이라는 기대 속에 투자가 이뤄집니다. 이렇게 적자를 내다가 흑자로 전환하는 현상을 '턴어라운드(Turn-around)'라고 하는데요, 이런 호실적을 기대하고 주식을 산 투자자들은 일년에 네 번씩 답안지를 확인하는 시간(실적 발표, Earnings release)을 갖습니다. 투자자들은 실적 발표 내용을 토대로 그간 내가 예상한 대로 회사가 나아가고 있는지, 앞으로 사업은 어떻게 진행될 것인지 중간 점검을 할 수 있습니다.

2) 또 다른 하나는 언젠가 회사의 진가를 더 많은 사람들이 알게 될 것이라는 믿음으로 투자하는 콘셉트입니다. 흔히 말하는 가치주(Value Stock) 투자로 볼 수 있습니다. 가치주 투자에 대해 간략히 설명하면 이렇습니다. 모든 회사에는 각각의 내재가치(Intrinsic Value)가 있고 그 내재가치를 투자자들이 결국엔 알아줄 것이며, 주가도 그 내재가치에 그에 수렴할 것이라는 믿음에 근거한 투자입니다. 어떤 회사의 진면목을 남들보다 미리 알아보고 남들이 알아줄 때까지 인내합니다. 이런 회사들은 대부분 이익이 폭발적으로 증가하진 않지만 안정적으로 꾸준히 나오는 경우가 많습니다. 또한 경쟁 구도의 변화나 대내외 변수에 휘둘리지 않는 **경제적 해자**[8]를 가지고 있기도 합니다.

이러한 회사에 투자할 때는 매년 꾸준한 배당 지급을 노리는 배당주(Dividend Stock) 콘셉트도 생각해 볼 수 있습니다. 미국 대형 제약회사들이나 한국의 한국전력, KT&G 같은 회사들이 안정적인 배당을 하고 있죠. 이런 회사들이 꾸준히 배당을 할 수 있는 이유는 시장 내 입지가 탄탄해서 안정적으로 이익이 나기 때문입니다.

어찌 되었건 주식을 살 땐 이유가 명확해야 하고, 내가 투자하는 **콘셉트**에 대해서도 숙지해야 합니다. 내가 산 주식이 폭발적 이익 증가를 앞둔 회사인지, 혹은 안정적 배당을 줄 수 있는 회사인지, 아니면 여유를 갖고 기다려야 하는 가치주인지 말입니다. 그래야 적절한 투자 판단을 할 수 있습니다. 콘셉트가 분명해야 단기적으로 볼 회사인지, 장기투자해야 하는 회사인지를 정확히 판단할 수 있으며, 나중에 투자 콘셉트가 무너지는 모습이 보일 때 과감히 매도할 수 있습니다. 반대로 주가가 오르지 않더라도 내가 생각한 콘셉트가 유지된다면 믿음으로 주식을 오래 보유할 수 있습니다.

또한 요구수익률도 중요한 투자 콘셉트입니다. 은행 이자율이 연 1%라고 가정했을 때 은행 이자율보다 높은 연 3%의 수익률을 원한다면

....

8 Economic moat. 경쟁사로부터 기업을 보호해 주는 높은 진입 장벽과 확고한 구조적 경쟁 우위를 말한다. 해자(垓子, moat)는 원래 적의 침입을 막기 위해 성곽을 따라 파 놓은 못을 가리키는데, 경쟁사가 쉽게 넘볼 수 없는 진입 장벽을 해자에 비유한 용어가 바로 경제적 해자이다. 워런 버핏이 1980년대 발표한 버크셔 해서웨이 연례보고서에서 최초로 주창한 투자 아이디어로 기업의 장기적 성장가치의 척도가 된다. 출처: [네이버 지식백과] 경제적 해자 (시사상식사전, pmg 지식엔진연구소)

내가 산 주식은 왜 안 오를까?

그에 맞는 투자를 해야 합니다. 고액 자산가들 중에는 낮은 수익률을 원하는 분들이 많습니다. 요구수익률이 낮다는 것은 리스크도 적다는 뜻입니다. 리스크가 높으면 요구수익률도 높아질 수밖에 없습니다. 만약 1,000억 원의 재산을 주식에 투자한다면 연 5%의 수익만 내도 50억 원을 버는 것입니다. 이런 분들은 원금을 크게 날릴 수 있는 리스크를 부담하면서까지 고위험 자산에 투자하지 않습니다.

반면 전 재산이 1,000만 원이라면 수익률이 3%만 되어도 연 30만 원을 버는 셈입니다. 월별로 따지면 2~3만 원의 수익입니다. 한 달 교통비를 버는 것이 목표가 아니고서야 아마 이런 수익으로는 갈 길이 멀다고 생각할 수 있죠. 이런 분들은 연 3%의 수익을 원하지 않습니다. 더 높은 수익을 원하겠죠. 적은 돈으로 수익을 올리는 방법은 **레버리지**[9]를 사용하거나 암호화폐, 선물옵션, 작전주와 같이 변동성이 큰 자산에 투자하는 것입니다. 이런 분들은 "지금 가진 걸 모두 날려 봤자 1,000만 원이다."라는 생각에 고위험군 자산에 공격적으로 투자하는 모습을 보여줍니다.

그러므로 내가 투자하려는 회사가 어떤 회사인지, 아주 자세하게는 아니더라도 대략적으로는 파악해야 합니다. 더 명확하게는, 시장 참여자들이 이 회사에 무엇을 기대하는지를 알아야 하죠. 그래야 그 회사

....

9 Leverage. 지렛대란 뜻으로 자산투자로부터의 수익 증대를 위해 차입자본(부채)을 끌어다가 자산매입에 나서는 투자 전략을 총칭. 출처: [네이버 지식백과] (상식으로 보는 세상의 법칙)

'기간'에 따른 투자 콘셉트

기간	콘셉트	설명	예시
단기투자	테마주 투자	단기적으로 예정된 이벤트의 결과를 예측하고 베팅하는 투자 ▶ 테마가 되는 이벤트가 끝나면 주가 하락	정치 테마주
단기투자	모멘텀 투자	기업의 장기적인 성장세보다는 단기적인 호재를 예측하고 베팅하는 투자 ▶ 호재가 공식적으로 드러나면 주가가 오히려 떨어지는 경우가 많음	대형수주, 기술수출 기대
장기투자	성장주 투자	실적이 증가하는 혹은 증가할 것 같은 기업에 투자 ▶ 기업의 성장세가 느려지거나 꺾일 것으로 예상되면 주가 급락	4차산업 등
장기투자	가치주 투자	회사의 진가를 더욱 많은 사람들이 알게 될 것이라는 믿음으로 투자 ▶ 성숙한 산업에서 안정적 수익을 내고 있어 폭발적 성장은 어려움	유틸리티 등 저PBR주

'요구수익률'에 따른 투자 콘셉트

요구수익률	설명
저위험 저수익 (Low risk, Low return)	● 주로 고액을 투자하기 때문에 수익률은 낮아도 절대적인 금액은 클 수 있는 고액 투자자가 선호 ● 안정적이고 가시성이 높아 위험이 작은 기업 또는 배당 성향이 높은 기업에 투자
고위험 고수익 (High risk, High return)	● 성장성 또는 모멘텀이 있어서 큰 변동성이 예상되는 기업에 투자, 그만큼 하락의 위험도 큼 ● 소액의 투자자라면 레버리지를 일으켜서 공격적으로 투자하는 방법도 있음

가 어떤 방향으로 나갈 때 투자자들의 예상 반응을 가늠할 수 있고, 주가가 잠시 흔들리더라도 나만의 믿음을 가지고 버틸 수 있습니다.

또한 기업에 관련된 뉴스가 나올 때 좋은 뉴스와 나쁜 뉴스를 구분하고 그 뉴스가 미치는 강도(Strength)를 판단할 줄 알아야 합니다. 어떤 뉴스가 나왔을 때 "아, 일이 이렇게 돌아가면 이 회사는 향후 이렇게 되겠구나. 이러면 투자자들의 기대에 부응해서 투자자들이 좋아하겠네."라는 식으로 판단할 수 있어야 합니다.

참고로 매수할 종목을 선택할 때, 아이디어를 직접 낼 수도 있고 남의 의견을 참고할 수도 있는데요, 어떤 방식이든 현재 우리가 처한 상황을 정확히 아는 것이 우선되어야 합니다. 경기가 좋은지 나쁜지, 어떤 산업 업황이 좋고 나쁜지, 환율이나 금리는 어떤지, 해외 시장은 어떻게 돌아가는지, 요새 유행하는 것은 무엇인지 등을 먼저 파악하고 아이디어를 선택해야 하죠. 이 모든 것들을 다 공부하고 주식을 하면 주식 전문가가 될 것입니다. 하지만 이렇게까지 파악하기 힘든 투자자여도 좋은 종목을 선택하는 방법만 잘 알면 장기적으로 수익을 낼 수 있습니다.

삼성전자로 예를 들어보겠습니다. 누군가 우리에게 삼성전자를 추천합니다. 추천 이유를 설명해주면 참 좋을 텐데, 많은 개인투자자들이 그렇듯 "몰라, 삼성전자는 최고잖아."라든지 "곧 좋은 일이 있을 거래." 혹은 "삼성전자가 망하겠어?" 등등. 막연한 콘셉트로 추천합니다. 하지만 아무리 회사가 망하지 않더라도 업황이 어려워지면 주가는 크게 하락합니다. 망하지 않았다고 해서 아무런 고통 없이 그 회사 주식을 보유하고 있지는 못할 겁니다. 따라서 망하지 않을 회사보다는 앞으로 유망할 회사를 고르는 것이 좋겠죠.

삼성전자를 추천받을 때 무슨 생각을 할 수 있을까요? 워낙 유명한 회사니까 뭐 하는 회사인지는 다들 아실 겁니다. 하지만 확신을 가지고 투자하려면 회사가 처한 현실을 더 정확하게 알 필요가 있습니다. 추천을 받으면 어떤 섹터에 속하는 회사인지를 파악하고, 현 상황이 어떠하며 그 섹터가 수혜 대상인지 아닌지 판단해야 합니다.

그 후에는 회사 내부 상황을 파악하는 것입니다. 적어도 '사업 부문별 매출 비중'과 '지역별 수출 비중' 정도는 아시면 좋겠습니다. 그래야 지금 상황에서 삼성전자가 잘될지 안 될지 간단하게라도 파악할 수 있

(출처: 금융감독원 전자공시시스템, 이하 동일)

　　　　　　　　　　　　　　　　　내가 산 주식은 왜 안 오를까?

습니다. 이러한 정보는 네이버에서 검색할 수도 있지만 금융감독원 전자공시시스템(dart.fss.or.kr)에서도 확인이 가능합니다. 전자공시가 어렵다면 기업 홈페이지, IR자료, 애널리스트 리포트 등을 참고해도 좋습니다. 그럼 이제 전자공시 시스템에서 삼성전자를 검색해볼까요?

삼성전자를 검색했더니 아래와 같은 결과물이 나옵니다.

여기서 필요한 정보는 사업보고서(1년에 한 번 발간), 반기보고서(반년

내가 산 주식은 왜 안 오를까?

에 한 번 발간), 분기보고서(분기에 한 번 발간)에 나와있으니 그것들만 선택해서 분류해보겠습니다. 정기보고서를 누르고 항목들을 체크합니다. 기간은 넉넉하게 2년으로 설정했습니다.

보기 좋게 결과가 도출되었습니다. 이제 사업보고서를 한번 눌러보겠습니다. 2019년 12월 즉, 2019년 한 해 동안의 사업 내용을 볼 수 있습니다. 참고로 대부분의 회사는 계절성(Seasonality)이 있습니다. 계절에 따라서 사업 매출이 영향을 받는 것을 말합니다. 예를 들어, 에어컨을 만드는 회사는 여름에는 매출이 높으나 겨울에는 매출이 적을 것입니다. 따라서 계절에 따른 영향을 보려면 분기보고서로 나눠서 보기

바랍니다.

왼쪽에 메뉴가 촘촘히 있는 것이 온라인에서 보는 헌법이나 성경처럼 복잡해 보여 갑자기 가슴이 답답해집니다. 하지만 당황하지 않고 'II. 사업의 내용'을 클릭합니다. 그럼 회사의 사업 내용이 아주 자세히 나옵니다. 꼼꼼하게 다 읽어보면 정말 좋겠습니다만, 일단은 간략하게라도 알기 위해 위에서 소개한 사업의 내용, 매출 비중, 수출 비중만 먼저 파악해보겠습니다. 실적의 **스윙팩터**(Swing Factor, 결정 변수)를 알기 위함이죠. 스윙팩터는 기업의 실적에 미치는 영향이 큰 주요 변수를 말합니다.

먼저 '부문별 주요 제품'이라는 항목이 눈에 띕니다.

사업군별로 보면 Set사업에서는 TV를 비롯하여 모니터, 냉장고, 세탁기 등을 생산·판매하는 CE 부문과 스마트폰 등 HHP, 네트워크시스템, 컴퓨터 등을 생산·판매하는 IM 부문이 있습니다. 부품사업에서는 DRAM, NAND Flash, 모바일AP 등의 제품을 생산·판매하고 있는 반도체 사업과 모바일·TV·모니터·노트북 PC용 OLED 및 TFT-LCD 디스플레이 패널을 생산·판매하고 있는 DP 사업의 DS 부문으로 구성되어 있습니다. 또한, 2017년 중 인수한 Harman 부문에서 Headunits, 인포테인먼트, 텔레메틱스, 스피커 등을 생산·판매하고 있습니다.

[부문별 주요 제품]

부문		주요 제품
CE 부문		TV, 모니터, 냉장고, 세탁기, 에어컨 등
IM 부문		HHP, 네트워크시스템, 컴퓨터 등
DS 부문	반도체 사업	DRAM, NAND Flash, 모바일AP 등
	DP 사업	OLED 스마트폰 패널, LCD TV 패널, 모니터 패널 등
Harman 부문		Headunits, 인포테인먼트, 텔레메틱스, 스피커 등

우리의 예상에서 크게 벗어나지 않습니다. 가전을 팔고, 스마트폰도 팔고, 컴퓨터도 팔고, 반도체도 하고… 친절하게 설명되어 있습니다.

내가 산 주식은 왜 안 오를까?

그렇다면 여기서 가장 많은 매출액 혹은 영업이익을 차지하는 부문이 삼성전자의 실적을 좌우하는 스윙팩터가 될 것입니다.

'나. 사업 부문별 요약 재무현황'으로 갑니다.

나. 사업부문별 요약 재무현황

(단위 : 억원, %)

부문		구 분	제51기		제50기		제49기	
			금액	비중	금액	비중	금액	비중
CE 부문		총매출액	995,925	18.8%	951,876	16.9%	1,020,430	18.2%
		내부매출액	548,363	18.2%	530,802	16.6%	574,416	17.8%
		순매출액	447,562	19.4%	421,074	17.3%	446,013	18.6%
		영업이익	26,063	9.4%	20,232	3.4%	18,020	3.4%
		총자산	673,754	13.4%	473,545	10.0%	453,014	10.0%
IM 부문		총매출액	2,239,591	42.2%	2,148,844	38.2%	2,260,042	40.2%
		내부매출액	1,166,930	38.8%	1,142,067	35.8%	1,193,358	37.0%
		순매출액	1,072,662	46.6%	1,006,777	41.3%	1,066,683	44.5%
		영업이익	92,725	33.4%	101,720	17.3%	118,273	22.0%
		총자산	1,432,804	28.5%	1,243,340	26.2%	1,114,418	24.5%
DS 부문	반도체	총매출액	1,237,668	23.3%	1,657,625	29.4%	1,418,200	25.2%
		내부매출액	588,277	19.6%	794,715	24.9%	675,644	21.0%
		순매출액	649,391	28.2%	862,910	35.4%	742,556	31.0%
		영업이익	140,163	50.5%	445,739	75.7%	352,041	65.6%
		총자산	1,791,177	35.6%	1,515,782	31.9%	1,316,593	29.0%
	DP	총매출액	669,088	12.6%	693,495	12.3%	721,087	12.8%
		내부매출액	358,548	11.9%	368,844	11.6%	376,434	11.7%
		순매출액	310,539	13.5%	324,650	13.3%	344,654	14.4%
		영업이익	15,813	5.7%	26,198	4.4%	53,984	10.1%
		총자산	642,264	12.8%	641,543	13.5%	698,544	15.4%
		총매출액	1,931,419	36.4%	2,395,650	42.6%	2,187,817	38.9%
		내부매출액	976,239	32.5%	1,209,994	37.9%	1,106,142	34.3%

이런 식으로 나옵니다. 2019년 총매출 비중이 가장 큰 사업 부문은 IM 사업 부문이네요. 부문별 주요 제품 표를 보면 IM 사업 부문엔 HHP(스마트폰), 네트워크시스템, 컴퓨터 등이 포함되어 있습니다. 그

럼 영업이익 기여도가 가장 큰 곳은 어딜까요? DS 부문의 반도체네요. 매출 비중은 23%지만 영업이익의 절반을 차지했습니다. 반면 IM 부문은 33%를 차지했네요. 매출도 중요하지만 영업이익은 회사가 사업을 통해 실질적으로 번 돈이기 때문에 매출보다는 영업이익이 실적에 더 큰 영향을 미칩니다. 사업 부문마다 수익성이 다르므로 다음과 같이 결론을 낼 수 있습니다. "삼성전자의 실적은 반도체 사업 부문이 가장 큰 스윙팩터이고 그 다음은 휴대폰이다." 더 밑으로 내려가면 각 사업 부문의 전반적인 상황 설명이 나옵니다. 여유가 있거나 기업에 대해 보다 더 깊이 알고 싶다면 이 부분도 잘 숙지하시기 바랍니다.

다음은 '주요지역별 매출현황'입니다.

(3) 주요지역별 매출현황

(단위 : 억원)

구 분		제51기	제50기	제49기
내수	국내	203,009	168,213	165,684
수출	미주	437,434	464,124	488,864
	유럽	191,970	192,783	189,464
	아시아 · 아프리카	329,705	330,903	317,661
	중국	385,611	547,796	457,477
계		1,547,729	1,703,819	1,619,150

2019년 154.7조 원 매출에서 국내 매출은 20조 원으로 삼성전자 전체 매출의 13%를 차지하고 있습니다. 수출은 87%고 거기서 가장 많은 비중을 차지하는 지역은 미주네요. 그럼 삼성전자에 대한 위 결론에 내용을 추가해 보겠습니다. "삼성전자의 실적은 반도체 사업 부

내가 산 주식은 왜 안 오를까?

문이 가장 큰 스윙팩터이고 그 다음은 휴대폰이다. 수출 비중은 87%를 차지하고 그중에서 미국이 가장 큰 비중을 차지하고 있다." 이 부분은 역시 잘 알려진 내용이죠? 이제 삼성전자의 주주가 되었다면 적어도 반도체와 휴대폰 사업 현황 정도는 공부하고, 수출 비중이 높으니 국제 정세, 환율 등도 지켜봐야 할 것입니다. 글로벌 경기가 나쁘면 삼성전자 제품이 덜 팔릴 것이고 원/달러 환율이 오르면(예를 들어, 1달러당 1,100원이었다가 1,200원으로 오르면) 판매량이 같아도 매출은 더 늘어날 것입니다.

이렇게 회사의 사업 내용을 파악하면 적어도 "삼성에서 나온 '세탁기'가 요새 강남 주부들에게 인기다."라는 이야기를 듣고 삼성전자 주식을 사는 일은 없을 것입니다. 이러한 다양한 스윙팩터들은 서론에 말한 내비게이션의 '예상 도착 시간'을 바꾸는 요소입니다. 앞으로는 어떤 종목을 매수하기 전에 위와 같이 대략적으로 스윙팩터를 숙지하시기 바랍니다. 투자자들이 회사에 거는 기대치를 의미하기 때문입니다.

현대건설로 알아보는
컨센서스

　내가 주식을 산 회사의 스윙팩터를 숙지했다면 이제 관련된 이슈를 주시하며 계속 팔로우업해야겠죠? 뉴스는 매일 홍수같이 쏟아지고 거기에 내가 투자하는 회사와 관련된 것들, 그중에서도 주가를 움직일 수 있는 뉴스가 있을 것입니다. 주로 HTS(홈트레이딩시스템)에 뜨는 뉴스들이 그렇습니다. 주가를 움직이는 뉴스의 종류는 여러 가지가 있지만 한마디로 요약하면 결국 '이익의 방향성'을 제시하는 뉴스라고 할 수 있습니다. 앞에서 필자가 뉴스의 강도를 파악해야 한다고 말했는데, 이는 곧 "이 뉴스로 그 회사 실적이 향후 얼마나 좋아질까?" 혹은 "향후 얼마나 좋아질 것이라고 사람들이 생각할까?"를 생각할 수 있어야 한다는 뜻입니다. 아무리 하찮은 테마주라도 이 규칙은 반드시 적용됩니다. 실체가 없어 보이는 대선 테마주도 마찬가지입니다. 특정 후보가 당선되면 관련 회사를 밀어줄 것이라는 전제가 깔려 있기 때문입니다.

이익의 방향성을 제시하는 대표적인 소식은 단연 **실적** 공시입니다. 지난 3개월간의 성적표는 특히 중요합니다. 직전 실적을 잘 파악해야 앞으로의 실적도 제대로 예상할 수 있기 때문입니다. 실적 발표 때 '시장의 기대치'를 파악하지 못하면 주가를 놓치기 십상입니다. 예를 들어 보겠습니다. A라는 회사가 실적을 발표했습니다. "1분기 영업이익은 150억 원으로, 전년 대비 500% 증가했다."라고 발표했습니다. 언뜻 보기에 500%나 증가했다고 하니 엄청난 성장을 한 것처럼 느껴집니다. 그럼 우리는 이 회사 주식을 무조건 사야 할까요? 아닙니다. 투자자들은 '150억 원'과 '500%'를 냉정하게 뜯어볼 필요가 있습니다.

먼저 필자가 계속 언급한 '시장의 기대치'가 얼마인지를 알아야 합니다. 이를 **컨센서스**(Consensus)라고 합니다. 참고로 컨센서스가 없는 기업들도 존재합니다. 그런 종목들은 애널리스트들이 커버하지 않는 종목인데요, 이런 기업들은 아무래도 정보 접근성이 떨어지고 시장에서 소외되는 경우도 많아 투자를 할 때 다소 대응하기 어려울 수 있습니다.

컨센서스를 확인하는 방법은 많지만 일반 대중들이 가장 편하게 확인할 수 있는 방법은 네이버금융(finance.naver.com)을 이용하는 것입니다. 네이버금융에서 종목명을 치면 손쉽게 컨센서스를 확인할 수 있습니다.

기업실적분석										더보기 ▸
주요재무정보	최근 연간 실적				최근 분기 실적					
	2018.12	2019.12	2020.12	2021.12(E)	2020.06	2020.09	2020.12	2021.03	2021.06	2021.09(E)
	IFRS 연결	IFRS 연결	IFRS 연결	IFRS 연결	IFRS 연결	IFRS 연결	IFRS 연결	IFRS 연결	IFRS 연결	IFRS 연결
매출액(억원)	2,437,714	2,304,009	2,368,070	2,766,939	529,661	669,642	615,515	653,885	636,716	733,613
영업이익(억원)	588,867	277,685	359,939	528,394	81,463	123,532	90,470	93,829	125,667	157,890
당기순이익(억원)	443,449	217,389	264,078	400,544	55,551	93,607	66,071	71,417	96,345	123,256
영업이익률(%)	24.16	12.05	15.20	19.10	15.38	18.45	14.70	14.35	19.74	21.52
순이익률(%)	18.19	9.44	11.15	14.48	10.49	13.98	10.73	10.92	15.13	16.80
ROE(%)	19.63	8.69	9.98	13.98	8.49	9.51	9.98	10.79	12.04	
부채비율(%)	36.97	34.12	37.07		32.67	36.09	37.07	43.23	36.29	
당좌비율(%)	204.12	233.57	214.82		250.04	229.69	214.82	192.26	214.08	
유보율(%)	27,531.92	28,856.02	30,692.79		29,477.97	30,242.29	30,692.79	30,135.47	31,140.36	
EPS(원)	6,024	3,166	3,841	5,744	808	1,364	949	1,044	1,391	1,668
PER(배)	6.42	17.63	21.09	12.08	16.52	15.89	21.09	19.54	16.99	43.89
BPS(원)	35,342	37,528	39,406	42,771	38,534	39,446	39,406	39,126	40,361	
PBR(배)	1.09	1.49	2.06	1.62	1.37	1.48	2.06	2.08	2.00	
주당배당금(원)	1,416	1,416	2,994	1,680						
시가배당률(%)	3.66	2.54	3.70							
배당성향(%)	21.92	44.73	77.95							

(출처: 네이버 금융)

네이버금융에서 발췌한 자료를 보면 삼성전자의 2021년 3분기 영업이익 컨센서스는 15.7조 원입니다. 전년 동기 대비 27% 늘었네요. 이를 통해 시장이 기대하는 삼성전자의 3분기 영업이익이 15.7조 원이라는 것을 알 수 있습니다. 이를 크게 상회하는 것을 **어닝서프라이즈**(Earnings Surprise)라고 합니다. 한국말을 선호하는 언론에서는 '깜짝 실적'이라고 도 부릅니다. 만약 크게 하회한다면 **어닝쇼크**(Earnings Shock)인데요, 이 러한 컨센서스 정보를 미리 알아두는 것은 매우 중요합니다.

내가 산 주식은 왜 안 오를까?

그 다음은 이 150억 원(삼성전자 말고 방금 예로 들었던 기업입니다.)이란 숫자가 지속성이 있는 실적인지를 파악하는 것이 중요합니다. 즉, 이번 실적에 단기적인 이벤트가 포함되지 않았는지를 알아야 합니다. 만약 본업에서 150억 원을 번 게 아니라 **충당금환입**[10]처럼 일시적인 수익이 큰 비중을 차지했던 거라면, 150억 원의 영업이익은 투자 근거가 되기 어렵습니다. 분기보고서는 물론이고 회사에서 발표하는 IR자료(Investor Relations, 투자안내서)라든지, 증권사 리포트, 언론 보도 등을 참고하여 일회성 수익이 없었는지를 확인하는 게 중요합니다. 어쩌면 500% 증가도 전년의 **기저효과**[11]에 기인할 수도 있습니다. 이번에 500%나 이익이 늘었지만 사실 전년에 회사에서 일회성 손실이 있었기 때문에 500% 증가는 별 게 아닌 것일 수도 있기 때문이죠.

이러한 분석은 일반적인 개인투자자가 하기에는 조금 힘든 작업일 수도 있습니다. 하지만 냉정한 투자의 세계에서 수익을 내기 위해서는 노력이 필요합니다. 실적을 보고 산 종목은 실적 발표를 꼭 챙겨보시길 바랍니다. 실적은 전자공시에서도 확인 가능하고 뉴스도 많이 나오기 때문에 쉽게 접할 수 있습니다.

....

10 기업회계에서 기간손익계산을 정밀하게 하려는 관점에서 설정되는 계정. 충당금환입은 충당금의 잔액이 있는 경우 새로이 설정되는 충당금이 충당금 잔액보다 적을 경우 차액을 충당금환입으로 하여 당기의 수익으로 계상. 출처: Naver 지식백과
11 Base Effect, 경제지표를 평가하는 과정에서 기준시점과 비교시점의 상대적인 수치에 따라 그 결과에 큰 차이가 나타나는 현상. 출처: Naver 지식백과

그러면 이제 실적 공시를 확인해 보겠습니다. 전자공시에서 확인 가능합니다. 화살표로 표시한 곳이 전년 동기 대비 증가율입니다. '당해 실적'에 네모 표시를 했습니다. 올해의 성과를 정확히 알기 위해 '누계

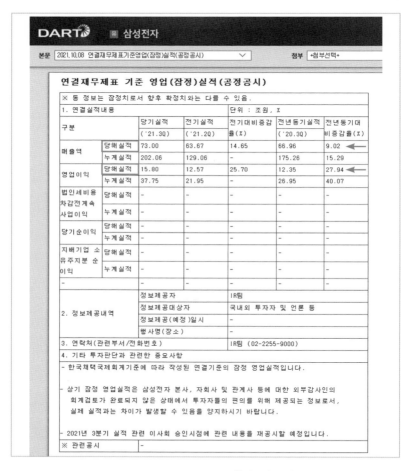

(출처: 금융감독원 전자공시시스템, 이하 동일)

내가 산 주식은 왜 안 오를까?

실적'을 보지 말고 '당해 실적'을 보기 바랍니다. 앞으로 친해져야 할 공시입니다. 눈여겨보세요!

다음은 수주나 계약 공시입니다. 당장 실적에 연동되지는 않으나 앞으로 실적으로 잡힐 계약이기 때문에 중요한 공시입니다. 수주하면 생각나는 산업은 건설업입니다. 전자공시에서 **현대건설**을 검색해보겠습니다.

'단일판매·공급계약 체결' 공시가 눈에 뜁니다. 자세히 볼까요?

가장 중요한 것은 역시 **수주** 규모겠죠? 현대건설이 카타르 공공사업청으로부터 5,687억 원의 공사를 수주했습니다. 5,687억 원… 크다면 크고 작다면 작은 금액인데요, 이때 중요한 것은 매출액 대비 몇 %인

단일판매 · 공급계약 체결

1. 판매 · 공급계약 구분		공사수주
- 체결계약명		카타르 Construction of Al Bustan Street South
2. 계약내역	계약금액(원)	568,766,433,486
	최근매출액(원)	18,825,014,316,041
	매출액대비(%)	3.02
	대규모법인여부	해당
3. 계약상대		카타르 공공사업청 (Public Works Authority)
- 회사와의 관계		-
4. 판매 · 공급지역		카타르 Al Bustan 지역
5. 계약기간	시작일	2017-09-30
	종료일	-
6. 주요 계약조건		-
7. 계약(수주)일자		2017-10-29
8. 공시유보 관련내용	유보사유	-
	유보기한	-
9. 기타 투자판단과 관련한 중요사항		
- 사업개요 : 카타르 Al Bustan 지역에 기존 왕복 6차선인 Al Bustan Street 2.88km 구간을 왕복 8차선으로 확장 및 부대시설을 건설하는 공사 - 상기 2.계약금액은 당사 지분(100%)에 해당하는 금액을 원화로 환산한 금액임. (계약금액 : 약 QAR 1,911백만 / 최초 고시환율 ('17.10.29) : 297.63원/QAR) - 상기 2.최근 매출액은 2016년말 연결 재무제표 기준임. - 공사계약서에서 규정하는 조건 등에 따라 공사기간 및 계약금액 등은 변동될 수 있음. ※ 현재 계약상대인 카타르 공공사업청과 계약기간 연장에 관한 사항을 협의 중이며, 추후 확정시 재공시할 예정임.		
※ 관련공시		2017-10-30 단일판매 · 공급계약체결 2019-09-23 단일판매 · 공급계약체결

　　　　　　　　　　　　　　　　　　　내가 산 주식은 왜 안 오를까?

지 확인하는 일입니다. 전년 매출 대비 3%에 불과하네요. 그럼 일반적으로 "아, 별거 아니구나."라고 생각할 수 있는 수주인 것입니다. 물론 퍼센티지가 작아도 다른 비하인드 스토리가 있어서 의미 있는 경우도 있습니다. 일례로 카타르 공공사업청은 일반적으로 한번 수주를 주면 몇십 개를 주기 때문에 향후 현대건설에 잇따른 수주가 기대된다든지 그런 스토리 말이죠. 여하튼 수주 금액을 볼 땐 그것이 회사 매출에서 차지하는 비중을 꼭 확인하시기 바랍니다. 그리고 수주 기간도 중요합니다. 가끔 전년 매출 대비 수백 %의 수주 공시가 나타날 때도 있습니다. 이럴 때는 더더욱 수주 기간이 중요합니다. 향후 수십 년에 걸친 계약일 수도 있기 때문입니다.

최근에는 바이오 회사들의 기술 수출도 잇따라 성사되고 있습니다. 체크할 항목은 얼추 비슷합니다. 다만, 바이오 업종은 먼저 계약 주체가 누구인지가 중요합니다. 건설은 상대방이 누가 되었든 우리가 가서 지어주고 대금만 받으면 됩니다. 하지만 바이오는 누군가 우리의 기술을 사 가서 임상을 진행해야 합니다. 임상에는 기본적으로 천문학적인 금액이 투여되고, 추가로 시장에서의 노하우도 필요하기 때문에 가능하면 글로벌 대형 제약사가 사 가면 더욱 좋습니다. 그리고 바이오 회사들의 수출 금액도 크면 클수록 좋겠지만 전년 매출 대비 몇 %인지를 보는 것이 무의미할 때가 많습니다. 신약 개발사들은 매출이 거의 없는 경우가 대부분이기 때문이죠. 따라서 바이오는 계약 금액을 전년 매출과 비교하기보다는 시가총액과 비교하기 바랍니다. 아마 현재 시가총액보다 파격적으로 큰 금액이 아니라면, 혹은 계약 상대방이 강력하지 않다면 주가 반응은 생각보다 뜨겁지 않을 수 있습니다.

이외에도 수많은 긍정적인 혹은 부정적인 뉴스들이 있을 텐데요, 본인이 투자하는 회사의 뉴스를 보고 이 뉴스가 어떠한 영향을 미칠지를 판단하는 훈련을 하시기 바랍니다. 어떻게 훈련하냐고요? 먼저 뉴스가 나올 때 주가가 어떻게 반응하는지를 보고, 그 다음 애널리스트 보고서나 언론에서 이 소식의 파급력에 대해 뭐라고 말하는지를 잘 보세요. 계속 보시다 보면 어느 정도 감이 잡힐 것이고, 이는 결정적인 순간에 정확하게 매수, 매도 판단을 내리는 주요한 기술이 될 겁니다.

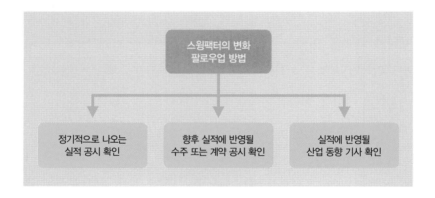

내가 산 주식은 왜 안 오를까?

애플과 폭스콘으로 알아보는
과점주

좋은 회사란 무엇일까요? 이 부분에 대해서는 다들 의견이 분분할 겁니다. 급여를 잘 주고 복지가 좋은 회사? 직원들 사이가 화목한 회사? '워라밸'이 좋은 회사? 여러 가지가 있을 겁니다. 하지만 이는 모두 직원들이 다니기 좋은 회사인 거지 주식투자를 할 때 좋은 회사는 아닙니다.

주식투자에서 좋은 회사는 주가가 잘 오르는 회사입니다. 주가가 잘 오르는 회사는 '실체가 없는 회사'와 '실체가 있는 회사' 두 가지로 나눌 수 있습니다. 실체가 없는 회사는 기대감을 주는 뉴스만으로 주가가 상승하는 경우입니다. 이런 회사에 절대 투자하지 말라는 말씀은 드리지 않겠습니다. 다만, 단타로 대응하시길 권합니다. 실체가 없는 회사는 언제 주가가 고꾸라질지 모르고 **바텀밸류**[12]를 모르기 때문에 바닥을 가늠할 수가 없습니다. 실체가 있는 회사는 실제로 회사가 성장하면서 주가 상승이 동반되는 회사입니다. 실체가 있는 **좋은 회사**를 고르는 방법 중 가장 참고할 만한 것은 세계적 석학인 하버드 경영대학원 마이클 E. 포터(Michael E. Porter) 교수의 다섯 가지 경쟁 요소 모형 (Five forces model, 이하 5 Forces)입니다. 아마 많은 분들이 익숙하실 것이라 생각합니다. 이는 다섯 가지 항목을 이용한 산업 구조 분석 모형입니다. ① 시장 내 경쟁력(Competitive rivalry) ② 고객의 교섭력(Bargaining power of customers) ③ 공급자의 교섭력(Bargaining power of suppliers) ④ 상품의 대체 위협(Threat of substitutes) ⑤ 신규 진입자의 위험(Threat of new entrants). 이렇게 다섯 가지 항목으로 구분됩니다. 산업을 분석하기 위한 모형이지만 기업을 분석할 때도 매우 유용하게 사용할 수 있습니다. 이 중 적어도 한두 가지 항목에서 우위인 회사가 좋은 투자처가 될 수 있습니다.

전 세계 시가총액 1위고 우리에게도 익숙한 **애플**(Apple) 사를 예로 들어 보겠습니다.

① 시장 내 경쟁력: 내가 투자할 회사 제품이 시장에서 경쟁력이 있는지 봐야 합니다. 애플의 아이폰이 대표적인 사례입니다. 지금은 삼성전자의 갤럭시 등 다른 제품들의 경쟁력이 많이 올라왔습니다만 출시 당시 아이폰의 경쟁력은 압도적이었습니다. 애플은 이후에도 애플워

----

12 Bottom Value, 기업이 가지고 있는 것으로 여겨지는 최소한의 가치

치, 에어팟 등 혁신적인 신제품을 출시하며 시장에서의 경쟁력을 유지하고 있습니다.

② 고객의 교섭력: 구매자들이 공급자를 상대로 얼마나 큰 교섭력을 행사하는지도 살펴야 합니다. 애플은 B2B(Business to Business, 기업 대상 비즈니스)보다는 B2C(Business to Consumer, 소비자 대상 비즈니스) 위주의 사업을 영위하고 있습니다. 고객은 전 세계 남녀노소를 막론하고 누구나 될 수 있죠. 그러나 이들은 여차하면 언제든지 다른 제품을 선택할 가능성이 있는데요, 다행히 전 세계 '앱등이(애플을 광적으로 신봉하는 사람)'들은 여전히 애플 제품을 매우 신뢰하고 있습니다.

③ 공급자의 교섭력: 산업에서 공급자가 어떤 위치에 있는지 파악해야 합니다. 구매자를 상대로 얼마나 강한 교섭력을 갖고 있는지가 중요합니다. 대체품이 많거나 제품의 경쟁력이 약하면 공급자의 교섭력은 낮아집니다. 애플의 많은 부품은 대만의 폭스콘(Foxconn)이 생산합니다. 폭스콘은 애플로부터 엄청난 물량을 수주하기 때문에 애플의 폭스콘에 대한 교섭력은 강할 수밖에 없고, 반면 애플에 사업을 전적으로 의지하는 폭스콘은 애플 대비 교섭력이 낮을 수밖에 없습니다. 물론 애플 입장에서 폭스콘만 한 외주업체를 찾을 수 없다면 둘 사이의 교섭력은 동등해집니다.

④ 상품의 대체 위협: 애플은 기존의 **피처폰**[13]을 스마트폰으로 대체

....

13   Feature phone, 아이폰과 스마트폰이 출시되기 전에 나온 최저성능의 휴대 전화

하며 시장에 침투했습니다. 상품 대체의 위협을 가한 장본인이죠. 스마트폰을 대체할 그 무엇이 나온다면 혹은 아이폰보다 월등한 스마트폰이 나온다면 이는 애플에 위협이 될 수 있습니다. 물론 애플도 가만히 있진 않겠죠?

⑤ 신규 진입자의 위험: 진입 장벽을 말하는 겁니다. 스마트폰 생산 자체는 이제 어렵지 않습니다. 안드로이드 같은 공개된 OS(Operating System, 운영체제)를 이용하고 부품 업체들이 만든 부품을 사 와서 조립하면 되니까요. 다만, 스마트폰 성능이 상향 평준화되어 이제는 기술적

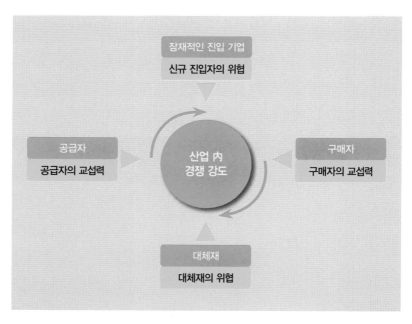

마이클 E. 포터의 5 Forces

내가 산 주식은 왜 안 오를까?

우위를 나타내기 힘들고 낮은 가격만으로 점유율을 의미 있게 올리기 힘든 상황입니다. 애플이 스마트폰을 출시한 이후 많은 회사들이 시장에 뛰어 들었습니다. 이것만 봐서는 낮은 진입 장벽을 의미합니다. 하지만 애플과 삼성이 시장을 압도하는 상황에서 시장에 신규로 진입하려는 회사들은 없어 보입니다. 그런 측면에서 봤을 때 스마트폰 시장은 실질적인 진입 장벽이 높은 산업이고 애플은 그 시장의 가장 꼭대기에 있습니다.

그런데 주식투자에서 좋은 기업은 이 다섯 가지에 한 가지 요소가 더 추가됩니다. 바로 '주가'입니다. 아무리 좋은 회사라도 주가가 너무 높으면 좋은 회사가 아니며, 아무리 나쁜 회사라도 주가가 매우 낮으면 좋은 회사가 될 수 있습니다. 필자 같은 애널리스트들은 좋은 회사를 투자자들에게 추천하는 일을 주로 합니다. 필자는 고객에게 종목을 추천할 때 몇 가지 고려하는 사항들이 있었습니다. 그중 가장 중요한 사항은 "내가 이걸 사라고 남을 설득할 수 있을까?"라는 것입니다. 남들이 듣기에도 끌리는 종목은 쉽게 주가가 오릅니다. 반면, 회사는 참 좋은데 설명하기 정말 어려운 경우가 있습니다. 그런 회사들은 상대적으로 주가 상승이 더딜 때가 많습니다. 그렇다면 남을 쉽게 설득할 수 있는 주식은 어떤 것일까요?

1) 누가 봐도 구조적으로 잘될 회사

구조적으로 잘될 회사란 앞서 소개한 5 Forces 기준 중 여러 항목에 부합하는 회사입니다. 애플의 아이폰을 처음 사용하면 아마 "애플 주식을 사야겠네."라고 생각할 겁니다. 혹은 정책의 변화나 사회의 변화에서 필연적으로 발생하는 수혜 기업들이 있을 겁니다. 이런 회사들은 투자자들도 바로 수긍합니다. 예를 들면 "요즘에 테슬라 잘나가는 거 아시죠? 이 회사가 테슬라에 전기차 부품을 납품한대요." 확 와닿는 투자 포인트입니다. 아니면 이런 경우입니다. 최근 나온 〈현대차가 애플의 전기차를 생산할 수 있다〉라는 제목의 기사를 기억하시나요? '애플'과 '전기차'라는 투자 포인트가 함께 있어 주식을 안 살 수가 없는 뉴스였습니다. 시장에선 애플이 신제품을 출시하면 대개 잘 팔릴 거라는 믿음이 있는 편이고, 전기차는 자동차 업계가 궁극적으로 나아갈 방향이라는 것에 이견이 없는 상황이니까요.

2) 밸류에이션이 싼 회사

일단 싸다는 것은 언제나 매력적인데요, 여기서 싸다는 것은 시가 총액을 말하며, 절대적으로 혹은 상대적으로 싸다는 의미입니다. 시가 총액이 다른 회사들보다 현저히 낮다든지, 버는 돈 혹은 성장성 대비

내가 산 주식은 왜 안 오를까?

가치가 싸다든지 하는 것이죠. 이를 밸류에이션(Valuation)이라고 부르며, 보통 **PER**[14], **PBR**[15] 등의 지표가 비교적 낮을 때 싸다고 합니다. "이 회사 어떠세요? 진짜 싸요. PER이 6배밖에 안 되네요. 비슷한 애들은 8밴데, 주가가 최근에 수급 이슈로 급락해서 이렇게 싸졌지 뭐예요." 라는 말들이 여기에 해당하죠.

3) 당장 호재가 일어날 것만 같은 회사

기업 내부 정보 없이도 가끔 느껴지는 기운(?)이 있습니다. 우리가 살면서 그냥 무심코 넘기기 쉬운 그런 것들입니다. 예를 들면, 2020년 초 전 세계를 강타한 코로나19가 그렇습니다. 코로나19가 전 세계로 퍼지면 어떤 일들이 나타날까? 마스크를 많이 쓸 테니 마스크 업체에 투자하겠다고 판단하는 식이죠. 수주한 게 없더라도 곧 호재가 일어날 것으로 보이는 그런 '느낌적인 느낌'이 오는 기업들이 여기에 해당합니다. 코로나19가 터졌을 때 코로나19 확진 여부를 진단하는 키트 생산 업체 주가가 오르고, 일본 제품 불매 운동이 일어났을 때 이를

· · · · · · · · · · · · · · · · · · · ·

14 Price to Earnings Ratio, 주가수익비율. PER은 주가를 주당순이익(EPS)으로 나눈 수치로 계산되며 주가가 1주당 수익의 몇배가 되는가를 나타냄. 출처: Naver 지식백과

15 Price to Book Ratio, 주가순자산비율. 주가를 주당순자산가치(BPS, Book value Per Share)로 나눈 비율로 주가와 1주당 순자산을 비교한 수치. 출처: Naver 지식백과

대체할 수 있는 국산 제품 생산 업체 주가가 뛰는 일들이 좋은 예입니다.

4) 유행의 중심에 있는 회사

누구나 공감하는 유행이 있습니다. 몇 년 전 전국의 마트와 편의점에서 품절 대란을 일으킨 해태제과의 '허니버터칩'입니다. 맛있다는 입소문이 나면서 품귀 현상이 나타났었죠. 팔도의 '꼬꼬면'도 비슷한 경우입니다. 식품뿐만이 아닙니다. 가수 싸이의 '강남스타일'도 전 세계적으로 유행했습니다. 당시 싸이의 소속사였던 와이지엔터테인먼트의 주가도 대박을 터뜨렸습니다. 반일 감정이 폭발했을 때는 국내 대체품이 인기였죠. 이처럼 생활 속에서 모락모락 피어나는 유행의 기운을 남보다 빨리 포착한다면 이는 좋은 투자 아이디어가 될 수 있습니다. 아!

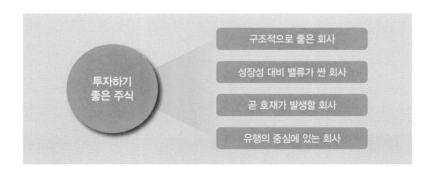

물론, 사업 내용은 미리 봐야겠죠? 삼성전자의 비스포크 냉장고가 우리나라에서 아무리 유행이어도, 비스포크를 이유로 삼성전자 주가가 오를 것이라 기대해선 안 됩니다. 국내 가전 시장 전체 매출에서 삼성전자가 차지하는 비중이 매우 낮은 상황에서 삼성전자 주가가 냉장고만으로 오르지는 않을 테니까요.

SK텔레콤으로 알아보는
주가 상승 속도

주가가 오를 것으로 보이는 종목을 투자자에게 추천하는 것은 애널리스트의 주요 업무 중 하나입니다. 개인적으로 투자자들에게 종목을 추천할 때 생각했던 중요한 요건 중 하나는 방금 소개한 "내가 이 주식을 남들에게 설득할 수 있을까?"라는 것이었습니다. 투자 포인트가 명확하고 그것이 잘 전달된다면 투자자들은 그 주식을 살 것이고 그럼 주가가 오르겠지요.

그런데 똑같이 주가가 두 배 오른다고 해도 어떤 종목은 주가가 빨리 오르고 어떤 종목은 천천히 오릅니다. 이런 주가 상승 속도의 차이는 무엇을 의미일까요? 필자가 생각하는 차이의 핵심은 투자자들이 가진 믿음에 있습니다. 똑같이 실적이 두 배 늘었어도 어떤 회사는 늘어난 실적이 누구나 예상했던 결과인 반면, 어떤 회사는 투자자들이

내가 산 주식은 왜 안 오를까?

검증을 하고 싶어 하는 경우가 있을 것입니다. 또한 올해 똑같이 실적이 두 배 늘었어도 내년에도 지금 같은 성장세가 유지될 수 있을지는 회사마다 다릅니다. 결론적으로 올해 실적이 특별한 문제없이 크게 늘어날 것이고 이러한 추세가 올해뿐 아니라 내년, 내후년에도 지속될 것이라고 많은 사람들이 확신하는 회사라면 주가가 금방 급등할 것입니다. 반면에 실적이 크게 늘어날 것이라는 사실을 투자자들이 잘 모르거나 정말 그럴지 의심하는 회사라면 주가 상승 속도는 더딜 것입니다. 이런 회사들은 실력이 정말 늘어나는 모습이 보이면 그제야 투자가 늘어나곤 합니다. 결국 주가가 호재성 뉴스를 선반영하는가 후반영하는가의 차이입니다.

최근에 애플이 애플카를 만들 것이고 **기아**가 그 애플카를 생산할 수도 있다는 뉴스가 나왔습니다. 이때 기아의 주가는 순간적으로 급등하는 모습을 보였습니다. 왜냐하면 애플이 차를 만들면 당연히 잘 팔릴 것이고 기아차가 애플카를 생산하면 실적이 급증할 것이라는 데에 투자자들이 동의했기 때문이죠. 애플이 아닌 다른 기업이었다면 주가가 그렇게 움직이지 않았을 것입니다. "그 기업이 전기차를 생산하면 과연 잘 팔릴까?" 하는 의구심이, 애플이 전기차를 생산한다고 했을 때보다 더 클 것이기 때문입니다. 이런 경우에는 이 기업이 전기차를 생산하고 실제로 잘 파는 모습을 보이면 그제서야 그 전기차 생산을 담당한 기아차의 주가가 오를 것입니다.

따라서 어떤 기업에 대한 긍정적인 뉴스를 접하면 대중의 생각을 읽을 수 있어야 합니다. "이런 내용이라면 많은 사람들이 이 회사 실적이 좋아질 것이라고 바로 공감하겠는걸?"이라고 생각한다면 즉시 매수해야 합니다. 반면 "이건 사람들이 좀 애매하다고 생각할 것 같다. 하지만 내가 보기엔 잘될 것 같은데?"라는 생각이 들면 매수를 하더라도 주가의 상승은 사업 성공이 입증이 될 때까지 기다려야 합니다. 전망이 애매할 때 대중은 저명한 전문가의 의견을 따르기도 합니다. 유명 애널리스트가 특정 종목을 추천했을 때 주가가 갑자기 오르거나, 테슬라 CEO 일론 머스크(Elon Musk)의 도지코인 발언에 도지코인 가격이 급등하는 것이 이러한 사례입니다.

주식은 언제 팔아야 할까? – 손실 확정을 두려워 말라

어떤 종목을 '사라고' 말하는 전문가는 많습니다. 또한 지금이 적기라며 매수 시기를 집어주는 전문가도 많습니다. 그러나 언제 '팔라고' 말해주는 사람들은 많지 않습니다. 그만큼 파는 결정을 내리는 것은 쉽지 않기 때문입니다. 왜냐고요? 특정 종목을 팔라고 했을 경우 그 주식을 들고 있는 분들의 항의가 나올 수 있고, 팔고 난 후에 주가가 오를 경우 매우 곤란해지기 때문입니다. 어쨌든 신이 아닌 이상 정확하게 꼭지에서 주식을 매도하기란 무척 어려운 일인 것은 분명합니다.

주식을 파는 이유는 크게 '개인 사정'과 '본인이 투자한 회사가 처한 상황'으로 분류할 수 있습니다. 개인 사정으로 주식을 팔 때는 다음과 같은 이유가 있습니다.

1) 보유 기간에 따른 이유

주식을 보유하기로 계획했던 목표 기간에 도달한 경우입니다. 2년 뒤에 집을 사서 이사를 가기로 했다면, 2년 뒤에는 계획대로 집을 살 돈을 마련해야 하기 때문에 주식을 파는 것이죠.

2) 수익률에 따른 이유

미리 정한 수익률에 도달하여 주식을 파는 겁니다. 주식을 매수한 후 손절 혹은 차익실현 구간을 -5%와 +10%로 잡았고 수익률이 목표치에 도달해 주식을 파는 겁니다.

위의 두 가지는 회사의 문제가 아닌 지극히 개인적인 이유로 주식을 판 케이스입니다. 이 부분은 차치하고 필자가 강조하고 싶은 것은 그 다음, 본인이 투자한 회사가 처한 상황에 따라 주식을 처분하는 경우입니다. "언제 팔아야 하나요?"라는 질문에 대한 필자의 답변이 되겠는데요, 다음의 두 가지 경우가 대표적입니다.

1) 누가 봐도 명백한 악재가 발생했을 때

누가 봐도 회사 영업에 장기적으로 안 좋은 악재가 보도된다면 일단은 주식을 팔고 관망하시기 바랍니다. 물론 뉴스의 실제 영향력 대비 주가가 너무 많이 빠지면 **기술적 반등**[16]을 보이기도 합니다만, 그 악재가 완전히 해소될 때까지는 예전같이 탄력 있게 오르기는 힘듭니다. 손실을 확정 짓는 것을 두려워 마세요. 무조건 버티는 것이 답은 아닙니다.

"에이~많이 빠졌네. 갖고 있으면 다시 오르겠지, 뭐."라는 안일한 생각을 하시나요? 위험합니다. 갖고 있으면 다시 오를 수 있습니다. 단, 그게 언제인지가 불확실합니다. 회사가 좋아지면 그때 다시 사면 됩니다. 악재가 보도된 후에는 이것이 명백한 오해나 오보가 아닌 이상 대부분 즉각적인 반등은 나타나기 힘들다는 사실을 명심하세요.

2) 성장성 둔화 조짐이 보일 때

회사가 성장을 하면서 주가도 덩달아 오른 경우를 보셨을 겁니다. 이 구간에서 많이 궁금해하시는 점이 "여기서 더 가느냐?"라는 것입니다. 이때 가장 중요한 판단 요건은 "성장성 둔화의 조짐이 나타나고 있

----

16   증시의 하향 추세 기간 중에 나타나는 일시적 가격 상승

내가 산 주식은 왜 안 오를까?

느냐?"라는 것입니다. 성장성이 둔화되는 경우는 여러 사례가 있습니다. 대표적인 것은 이미 성장할 대로 성장해버린 경우입니다. 이럴 땐 주가 상승 폭도 점차 둔화됩니다. 그렇다고 주가가 폭락하진 않으니 계속 보유해도 되지만, 더 큰 수익률을 원했던 투자자라면 그만큼의 기회비용을 치르는 것입니다.

성장률 둔화는 정확히 무엇을 의미할까요? 올해 순이익이 10억 원인 회사가 다음 해 50억 원, 그 다음 해에 200억 원의 순이익을 기록합니다. 각각 5배, 4배 성장한 것이죠. 주가도 엄청나게 오릅니다. 그 다음 해엔 얼마를 벌까요? 5배, 4배보다 높은 6배 이상을 기록한다면 좋겠지만 그렇지 않고 그 다음 해에 2배를 찍고 그리고 그 다음 해에는 50%, 20%, 10%로 순이익이 증가합니다. 이런 회사는 성장률이 둔화되고 있다고 볼 수 있습니다. 아마 순이익 증가율 50%를 찍기 전부터 주가는 탄력을 잃어가고 있었을 것입니다.

우리나라에서는 대부분 내수 기업들이 이런 문제에 봉착하곤 합니다. 규모에 한계가 있는 내수 시장을 독과점하는 기업의 경우 실적 성장은 과거보다 둔화될 수밖에 없겠죠. 이런 상황에서 다시 성장 동력을 갖추려면 M&A(Mergers and acquisitions, 기업의 매수·합병) 등을 통해 신규 사업에 진출하는 수밖에 없습니다. 대표적인 예가 SK텔레콤입니다. 몇십 년 전으로 돌아가 보겠습니다. "우리나라 사람들이 모두 휴대폰을 갖게 된다고 생각해 봐라, 엄청나지 않겠니?"라는 것이 SK텔레콤의 투자 포인트였습니다. 아시다시피 휴대폰 보급률이 100%를 상회하면서 당연히 실적 성장률은 급격히 둔화되었습니다. 사업 구조상 수출하기는 힘들고, 다음 단계로 노려볼 만한 것은 2G, 3G, 4G, 5G 도입에 따른 가격 인상입니다. 이렇게 오랜 세월 현금을 축적한 회사는 일반적으로 성장을 멈추면서 배당을 지급하고 M&A 타깃을 찾기 마련입니다. 성장이 둔화된 회사들은 주가 상승보다는 배당을 노린 투자 전략이 더 유효한 편이죠.

그 외에도 경쟁사 진입, 경쟁 심화, 그에 따른 가격 인하와 수익률 악화 같은 이벤트들이 향후 실적의 성장률 둔화를 암시하는 신호가 됩니다.

3) 내가 투자한 콘셉트에서 벗어났을 때

주식을 살 때는 명확한 콘셉트가 필요하다고 했죠. "이번에 새로 출시한 제품이 잘 팔릴 것이다, 해외에서 큰 수주를 따올 것이다, 신약을 개발할 것이다, 곧 다른 회사에 인수될 것이다." 등등 콘셉트는 많습니다. 하지만 인생살이가 그렇듯 바라던 일은 실제로 일어나지 않는 경우가 더 많습니다. 내가 노렸던 콘셉트가 작동하지 않을 경우에는 미련 없이 파시기 바랍니다.

개인적인 경험에 비춰볼 때, 주가가 올라야 한다고 생각하는 상황에서 주가가 오르지 않으면 대부분 필자가 무언가를 잘못 본 경우였습니다. "이런 뉴스면 오를 만한 것이 아닌가? 아직 다들 잘 모르나?

내가 산 주식은 왜 안 오를까?

기다려볼까?" 이렇게 생각하고 기다리다 뒤늦게 주가가 오르는 경우는 그리 많지 않습니다. 신제품이 초반에 안 팔리면 결국은 끝까지 안 팔리기 마련입니다. 물론 가끔 인기 차트에서 역주행을 하는 노래들도 있지만 정말 흔치 않습니다.

나의 예상이 빗나갔음을 인정합시다. 내 실수를 인정하고 손실을 확정하는 일이 얼마나 어려운지 압니다. 그래서 주식이 어려운 것이죠. 필자가 주워들은 말 중 가장 인상 깊은 구절이 하나 있는데 "진짜 도박꾼들은 언제 멈춰야 할지 안다."라는 것입니다. 안 되는 것 붙잡고 끙끙대지 않고 그 자리에서 털고 일어나는 사람만이 큰 손실을 막고 좋은 타이밍에 게임장에 재입장할 수 있습니다.

아모레퍼시픽으로 알아보는
밸류에이션

제 주위 개인투자자분들이나 증권 게시판을 보면 가끔 "100만 원은 가야지!", "여기서 5배는 더 간다."라는 이야기를 합니다. 그런데 거기에 대한 근거가 있나요? 아마 대부분 "가즈아! 파이팅!" 차원에서의 막연한 이야기이고 근거가 있다 하더라도 탄탄하지 못한 경우가 많습니다.

기업은 돈을 벌기 위해 만들어졌기 때문에 미래에 벌 예상 수익을 미리 반영합니다. 이것이 곧 기업의 가치이자 주식의 가치입니다. 흔히 채권은 경제 현상, 주식은 사회 현상이라고 표현합니다. 채권 가격은 금리에 의해 정해지므로 한 치의 오차 없이 형성됩니다. 하지만 주식은 이슈에 따라 가치가 오르내리는 사회적 현상입니다. 따라서 **밸류에이션**[17]에 대한 어느 정도의 감을 익히는 것이 중요합니다.

내가 산 주식은 왜 안 오를까?

요즘 개인투자자들의 힘이 무섭습니다. 이전에는 언론에서 기관과 외국인에 비해 영향력이 작다고 무시하는 경향이 있었는데, 이제 더는 무시할 수 없는 존재가 되었습니다. 개인들이 물불 안 가리고 뛰어들었기 때문이죠. 우리나라는 예로부터 뭐 하나라도 유행을 타면 무섭습니다. 너도나도 합니다. 그리고 필자가 느끼기에는 도박 성향도 매우 강합니다. 지극히 개인적인 생각이지만 그런 면에서 주식은 우리나라 국민들이 모여들기 딱 좋은 투자처입니다. 당연히 부동산이나 예금 같은 다른 투자처가 매력을 잃었기 때문이기도 합니다.

이에 따라 주식 공부도 성황입니다. 많은 분들이 다양한 매체를 통해 주식 공부를 하는 것으로 알고 있습니다. 하지만 대부분이 기업에 대한 공부입니다. "이게 이렇게 되면 그게 필요하고 그걸 만드는 이 회사가 제일 수혜다."라는 식의 산업/기업 스터디가 대부분입니다. 하지만 그에 비해 기업가치에 대한 고민은 상대적으로 덜하는 경향이 있는데요, 필자가 보기엔 일반 투자자들이 바로 이 부분을 더욱 고민할 필요가 있습니다.

지금 신규 주식시장 참여자 모두가 산업/기업 스터디만 했다고 합시다. "A의 수혜주는 B."라는 공식을 모두가 알고 있습니다. A 뉴스가 나오면 B의 주가가 즉각적으로 반응합니다. 그래서 가끔은 암호화폐 시장에서와 같은 머니게임이 펼쳐집니다. 돈 많은 사람이 많이 사면 오르

----

17   Valuation, 기업가치 평가

고, 오르니까 따라붙고 그래서 더 오르는 상황이 반복됩니다.

많은 투자자들이 이런 머니게임에 뛰어들면, 다시 말해 기업가치보다 주식 수급 동향에 더 의존하면, 투자할 때 기업가치를 산출하는 일이 의미 없게 될 것입니다. 하지만 언젠가 개인투자자들도 점점 기업가치를 논하게 될 것이라 생각합니다. 왜냐하면 주식투자는 기업의 미래에 투자하는 것이고, 그 미래는 언젠가 현실이 되어 투자자들을 마주하기 때문입니다. 이렇게 투자 결과를 반복적으로 마주하다 보면 단순하게 머니게임만 반복하긴 힘들 것입니다.

반면 기관은, 특히 투자 금액이 큰 기관투자자일수록 기업에 투자할 때 밸류에이션, 즉 **기업가치** 산출에 공을 들입니다. 투자 금액이 크기 때문입니다. 큰 기관일수록 단타보다는 장기적인 관점에서 투자를 해야 합니다. 외국인을 포함한 기관투자자들이 여러 상황을 보고 계산기 두드려가면서 신중하게 투자를 하는 이유입니다.

필자는 이런 투자 스타일 차이를 두고, 기관은 일본인 관광객, 개인은 중국인 관광객으로 비유하곤 합니다. 먼저 일본인 관광객의 특징은(지나치게 일반화하는 것일 수도 있습니다만) 가게에 오면 이것저것 꼼꼼히 따져 입어보고, 뒤집어보고 고민하다가 한 개 살까 말까 하는 깐깐한 손님이라는 점입니다. 기관투자자와 비슷합니다. 그에 비해 중국인 관광객은요? "여기 선반 왼쪽 끝에서부터 오른쪽 끝까지 다 주세요."라고 말한 뒤 따로 준비한 캐리어 가방에 쓸어 담습니다. 최근 주식에 입문한 초보 개인투자자들의 모습과 유사합니다. 처음에야 주식이 다 오르

내가 산 주식은 왜 안 오를까?

니까 너도나도 눈에 불을 켜고 투자를 했지만, 이제는 조금씩 바뀔 때입니다. 조정과 하락을 겪다 보면 비로소 이성을 찾기 시작할 것입니다. 개인투자자들이 어느 정도 밸류에이션에 대한 감을 잡는다면 투자에 크게 실패하지 않을 것이라 확신합니다.

사실 개인투자자들이 스스로 밸류에이션을 잘하는 분야가 이미 있습니다. 한국의 전통 투자 자산인 부동산입니다. 예를 한번 들어보겠습니다. 연세가 많은 옆집 어르신을 한번 떠올려 봅시다. 이 분이 주식투자를 한다는 말을 들었습니다. 아마 그 어르신께서 각종 지표를 철저히 분석해서 투자할 것이라고 기대하기는 어려울 것입니다. 우리나라에서 주식이라는 투자 자산이 대중화된 지 오래되지 않았기 때문이죠. 그런데 만약 그분이 부동산 투자를 한다면? "아마 연륜이 있으시니 임장(현장 방문)도 많이 다니셨을 것이고 부동산에 대해 많이 아시겠지."라고 기대하기 쉽습니다. 부동산은 역사가 오래된 직접 투자 자산이기 때문입니다. 이와 마찬가지로 동학개미운동이란 이름의 투자 광풍 이후 주식시장에 새로 유입된 개인투자자들도 시장에서 치고받으며 연륜을 쌓다 보면 주식의 가치를 제대로 분석하는 법을 알게 될 것입니다.

한편, 기업가치를 평가하는 데 회계사 수준의 재무 지식이 필요하지는 않습니다. 그러나 적어도 기업가치를 나타낼 때 쓰이는 용어들이 무슨 말인지 정도는 알아야 합니다. 방금 언급한 어르신께 "보유하신

30평 아파트가 15억 원이던데 너무 비싼 거 아니에요?"라고 묻는다면, 어르신은 전통 투자 자산인 부동산 지표에 빠삭하므로 이렇게 반박하실 수 있습니다. "이봐, 무슨 말을 하는 건가. 아파트 앞에 지하철 역이 있고 단지도 이렇게 큰데 평당 5천만 원은 싸다고 보네. 우리 아파트는 가치에 비해 아직 가격이 별로 오르지 않았어. 다들 옆에 새로 생긴 아파트를 보러 가더라고. 거기가 초등학교가 가깝다고 30평짜리가 18억 원을 하는데, 참나. 내가 보기엔 집 자체는 우리 아파트가 더 좋아요. 인테리어도 고급이고. 편의시설도 더 많고. 그러니까 우리 아파트 근처에도 초등학교가 생기면 20억 원은 갈 거라고."

지금 이 어르신은 이미 본인 아파트의 가치 평가를 어느 정도 하고 계십니다. 주식으로 비유하면 먼저 아파트의 **펀더멘털**[18]을 설명했습니다. 역세권이고 대단지 아파트라는 강력한 펀더멘털을 보유했다고 자평합니다. 가격도 별로 오르지 않았다면서 최근 가격 추이도 언급했죠. 게다가 옆에 아파트가 새로 생겨서 수급적으로 분산되는 느낌이라는 분석도 내놓았습니다. **피어그룹**[19]과 비교했을 때 '초품아'(초등학교를 품은 아파트)가 아니라는 단점이 있어 상대적으로 저평가되어 있지만 이 부분만 해소된다면 가치 재평가가 이루어질 것이라고 단언하시네요. 부동산 입지 분석만 봐도 이런 식으로 자주 쓰이는 익숙한 방식이 있는데

....

18 Fundamental, 기초체력
19 Peer Group, 동종회사들의 모집단

요, 앞으로는 주식투자에 대해서도 모두들 이런 식으로 접근하게 되지 않을까요? 지금부터는 주식투자자들이 많이 쓰는 밸류에이션에 대해 알아보겠습니다.

밸류에이션 기초 지표들

밸류에이션을 하는 방법은 다양합니다. 크게 '상대적 밸류에이션'과 '절대적 밸류에이션'으로 구분합니다. 상대적 밸류에이션이라 함은 다른 회사와 비교하는 방법입니다. 앞에 언급한 어르신께서 본인 아파트를 옆 아파트와 비교했던 것처럼 주식을 평가할 때도 다른 기업들과 비교하는 것이죠. 기업들의 가격표로 쓰이는 밸류에이션 지표 중 가장 많이 쓰이는 것으로는 PER(Price to Earnings Ratio), PBR(Price to Book Ratio), EV/EBITDA(Enterprise Value/Earnings Before Interest, Tax, Depreciation and Amortization) 등이 있습니다. PER은 우리말로 주가수익비율, PBR은 주가순자산비율입니다. 최근에는 주식의 가치를 기업이 가진 꿈을 토대로 계산한다는 개념의 PDR(Price to Dream Ratio)도 새로 등장했습니다. 이 책에서는 재무 쪽까지 깊게 다룰 계획은 아니기 때문에 간략하게 대표 지표인 PER과 PBR의 콘셉트만 설명하겠습니다.

PER에서 어닝(Earnings)은 기업의 순이익입니다. 시가총액을 순이익으로 나눴을 때 몇 배인지를 보는 겁니다. 혹은 주가를 EPS(Earning Per

Share, 주당순이익)로 나눈 것이죠. 시가총액을 발행 주식 수로 나누면 주가가 되고, 순이익을 발행 주식 수로 나누면 EPS가 나옵니다. 참고로 개인투자자 중에서 주식이 싼지 비싼지를 한 주당 얼마인지로 따지는 분들이 왕왕 있습니다. "그 회사 한 주당 얼마야? 뭐? 50만 원? 큰 회사네? 생각보다 비싸군." 이렇게 말씀하시는데… 주식 수를 적게 발행하면 한 주당 단가가 높아집니다. 그렇기에 한 주당 얼마인지는 전혀 중요하지 않습니다. 그보단 시가총액을 봐야 합니다.

어찌 되었건 PER은 시가총액을 순이익으로 나눈 것이고 이걸 작년 순이익으로 나눈 것을 Trailing PER(후행 PER), 내년 예상 순이익으로 나눈 것을 Forward PER(선행 PER)이라고 합니다. 주식은 미래의 가치를 선반영하는 것이기 때문에 되도록 주가를 내년 예상 순이익으로 나눈 Forward PER을 보시기 바랍니다. 참고로 네이버금융이나 HTS

(출처: 네이버금융)

내가 산 주식은 왜 안 오를까?

에 나오는 많은 PER지표가 후행 지표인 Trailing PER입니다. 여기에 표시되는 PER에 크게 의미를 갖지 마시고 Forward 혹은 추정PER을 보시기 바랍니다. 삼성전자 투자 정보를 보면 후행인 PER이 14.76배지만 추정PER은 12.20배입니다.

PBR에서 Book은 순자산 혹은 자본을 의미합니다. 순자산(자본)은 자본금, 자본잉여금, 이익잉여금의 합계인데… 갑자기 하품이 나오나요? 간단히 설명하면 PER은 "내가 지금 벌거나 혹은 앞으로 벌 돈 대비 나의 가치"이고, PBR은 "내가 벌어 놓은 재산 대비 나의 가치"입니다. 따라서 어떤 회사의 시가총액을 순자산으로 나눈 배수가 1이라면, 즉, PBR이 1배라면 이 회사의 '기업가치'는 회사가 보유한 '자산가치'만큼 평가되는 것입니다. PBR이 1배보다 낮다면, 이 회사가 가지고 있는 자산들, 즉 공장이나 땅 같은 것을 다 팔았을 때의 값보다 기업가치가 낮다는 거죠. 그래서 흔히 PBR이 1배 이하면 저평가되었다고 합니다. 요새는 1배도 안 되는 회사들이 널려 있습니다. 이는 실적이 나빠지면 보유한 자산 가치도 함께 줄어들 것으로 보이는 회사들이 많다는 뜻이죠. 그리고 PBR은 아무래도 성장을 기대하는 회사들보다는 주로 철강, 조선 같은 **중후장대**[20] 산업이나 땅부자 회사들의 가치 평가에 많이 쓰입니다. 이익 성장이 없으면 성장지표인 PER은 낮을 수밖에

....

20   무겁고, 두텁고, 길고, 큰 것을 뜻하는 말로 철강, 화학, 자동차, 조선주 등의 제조업을 말한다.

없습니다. 그래서 투자자들은 이런 기업을 볼 때 성장성보다는 기업의 내재가치를 보고 투자하며, 내재가치를 좀 더 잘 나타내는 PBR을 보는 것이죠.

살아있는 생명체 PER에 특히 주목해야 하는 이유

그래서, 뭐 어쩌라는 거냐고요? 필자는 PBR보다는 개인투자자들이 좋아하는 성장주에 어울리는 PER 위주로 이야기할 계획입니다. PER은 단순히 '낮으면 싸고 높으면 비싸다'는 개념을 뛰어넘는 마법 같은 지표거든요. 살아있는 생명체와도 같아서 유기적으로 움직입니다. 그래서 이 내용들을 꼭 소개해드리고 싶습니다. PER만 잘 활용한다면 지금 주가 수준이 높은지 낮은지, 얼마까지 빠질지, 혹은 얼마까지 오를지도 어느 정도 가늠할 수 있습니다.

누군가가 종목을 추천해준다면 그 종목의 PER이 몇 배인지 확인해보세요. 그리고 그 PER을 한번 음미(?)하고 해석해야 합니다. PER배수는 쉽게 말하면 인기 지표입니다. 인기 주식일수록 PER이 높습니다. 그렇다면 그 인기의 척도는 무엇이냐? 바로 성장성(Growth)과 가시성(Visibility)입니다. 올해 순이익이 전년 대비 20% 증가하는데 내년에는 더 크게 증가할 것이라고 보면 PER이 올라갑니다. 왜냐하면 올해 PER이 높더라도 내년이 되면 PER이 낮아질 테니까요. (분모에 있는 순이익이 올라가니까). 실적 성장이 적은 회사는 PER도 낮습니다.

　반면, 올해와 내년 실적 전망이 좋은데도 PER이 낮은 회사들이 있습니다. 그 이유는 투자자들이 그걸 안 믿어주거나 전망치가 틀렸기 때문입니다. 투자자들은 그 회사가 현재 처한 상황이 녹록지 않아서 실적이 그다지 늘지 않을 것이라고 생각하죠. 그러나 만약 이런 회사들이 실제로 성장하는 모습을 실적 발표에서 보여주면 그제서야 주가가 급등합니다. "아이쿠, 몰라뵈어 죄송합니다." 하면서요.

　PER의 핵심은 성장률입니다. 필자가 주주 게시판을 보면 "옆 회사가 30배인데, 이 회사도 30배를 줘야 한다."라면서 "우리 주가는 싸다."라고 말하는 분들이 많습니다. 하지만 중요한 건 두 회사의 성장률입니다. 두 회사 성장률이 동일하거나 혹은 본인 회사 성장률이 더 뛰어난데 PER이 낮다면 그건 명백하게 저평가된 것입니다. 그렇다면 저평가된 이유는 뭘까요? 아직 투자자들이 그렇게 믿어주지 않거나 그 다음 해 예상 실적이 불확실하기 때문입니다. 이런 회사들은 실적을 성장을 실제로 보여줘야 합니다. 따라서 A라는 회사가 B보다 10배 많이 벌었다고 꼭 시가총액도 10배가 높아야 되는 건 아닙니다. 이러한 논쟁은 필자가 개인투자자 주주 게시판에서 수없이 봤기 때문에 꼭 짚어드리고 싶었습니다. 보유한 종목의 PER이 과도하게 낮다고 본다면 왜 낮은 것인지 한번 고민해보시기 바랍니다.

　그리고 어쩔 땐 이익 성장보다 더 높게 주가가 올라가는 경우가 있습니다. 즉, PER배수가 마구 올라갈 때가 있는데 그것을 리레이팅(Re-rating)이라고 합니다. 기업가치가 재평가되고 있다는 말입니다. 주로 회사가 새롭게 변모할 때 많이 일어나는 현상입니다. 간단히 설명하면, 어떠한 구조적인 변화에 따라 향후 성장세가 지금보다 가팔라지거나 고성장세가 유지될 것이라고 투자자들이 믿는 경우입니다. 이 시기는 실적 증가에 PER배수까지 함께 올라가면서 주가가 가장 많이 오르는 구간입니다. 내년, 내후년에도 높은 성장을 보여줄 것이라는 기대감이 반영됩니다.

반면 리레이팅의 반대는 디레이팅(De-rating)이라고 합니다. 앞으로 성장세가 둔화될 것이거나 지금과 같은 성장세를 유지하기 어려울 것이라고 투자자들이 믿는 경우입니다. 이렇게 되면 실적이 한두 분기 잘 나와도 주가가 힘 있게 뻗지 못합니다. "지금 당장은 잘 나왔지만 앞으로가 걱정이다."라는 생각을 하기 때문입니다. 주로 경쟁사가 진입했거나, 현재 생산하는 물건이 앞으로 없어질 위기에 처했을 때 나타나는 현상입니다.

리레이팅의 좋은 예로 **아모레퍼시픽**이 있습니다. 아모레퍼시픽은 우리나라에서 인기가 많은 화장품 라인을 보유하고 있지만, 내수 시장 위주의 한계로 인해 2013년까지 12개월 Forward PER이 20배에서 25배로 거래되고 있었습니다.

내가 산 주식은 왜 안 오를까?

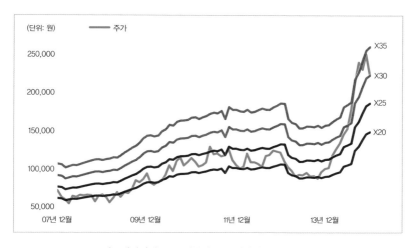

아모레퍼시픽 2008년부터 2014년까지 주가와 PER

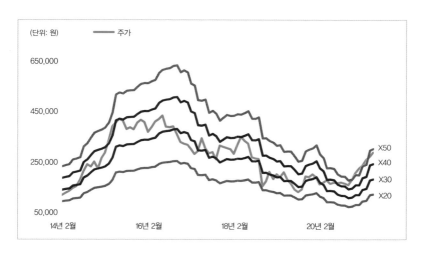

아모레퍼시픽 2014년부터 현재까지 주가와 PER

TIP! PER 밴드 활용법

X 10, X 20, X 30 ⋯ X (N) 배

위와 같이 표현된 값과 주가를, 여러 선으로 표현한 것을 PER 밴드라고 합니다.

이 여러 개의 선은 주가를 12개월 후 예상 EPS로 나눈 값, 즉 PER을 마치 자(Ruler)와 같이 표기한 것입니다. 이 위에 주가 흐름을 얹으면 현재 주가가 PER의 몇 배로 움직이는지 한눈에 파악할 수 있습니다.

왜 PER 밴드가 유용할까요?

PER 밴드는 주가 변화에 따라 움직이는 PER의 범위를 이야기합니다. 주식의 상한가와 하한가의 범위를 대략 짐작할 수 있는 것이죠.

주가는 매일 움직이기 때문에, 주가가 움직일 때마다 PER도 바뀝니다. (물론 예상 EPS는 자주 변하지 않습니다.)

만약 어느 회사 주가가 펀더멘털의 변화 없이 PER 10배에서 13배 사이에서 움직였다면, 주가가 하락해서 PER 10배에 도달했을 때는 매수하고 13배까지 올랐을 때 매도하는 일명 '밴드 플레이'가 가능합니다.

이해를 돕기 위해 간단한 예를 들어드리겠습니다.

매일 아침 몸무게를 잰다고 가정합시다. 어제 저녁을 굶었으면 잠깐 체중이 내려가겠지만 과식을 했다면 체중이 올라갈 것입니다. 하지만 이는 일시적인 현상으로, 금방 원상복구됩니다. 아마 자주 체중을 재는

내가 산 주식은 왜 안 오를까?

분들은 본인의 '몸무게 밴드'를 대략적으로 알 겁니다.

하지만 급하게 다이어트를 결심하고 안 하던 운동을 하고 식사량을 줄인다면 '몸무게 밴드'는 점점 내려가겠죠. 이는 몸에 근본적인 변화가 생겼음을 의미합니다.

이와 마찬가지로 주식도 기업의 펀더멘털의 급격한 변화로 PER이 재평가된다면 과거의 밴드를 벗어날 것입니다. 성장성이 높아지면 밴드의 하단과 상단은 올라갈 것이고 성장성이 낮아진다면 밴드의 하단과 상단은 내려갈 것입니다.

PER 밴드의 움직임을 알면 단타 매매 방법의 일종인 '밴드 플레이'도 가능하며, 펀더멘털의 변화를 포착하여 장기투자도 할 수 있기 때문에 PER밴드는 매우 유용합니다.

그러나 일반 개인투자자 분들이 PER 밴드를 그리는 일은 어려우므로 때문에, 애널리스트 보고서에 PER 밴드가 나왔을 때 이를 유용하게 참고해 주시기를 바랍니다.

그러다 중국 관광객들이 우리나라로 몰려들기 시작하고 중국 시장에서 한국 화장품의 인기가 치솟으면서 2014년 아모레퍼시픽의 Forward PER은 30배에서 40배 사이에서 거래되었습니다.

같은 실적 전망을 보여도 과거보다 주가가 더 크게 상승했다는 의미입니다. 그 이유는 대중들에게 아모레퍼시픽이 중국에서 인기가 많다는 사실이 퍼지면서, 기업 실적이 예상보다 더 좋을 거란 기대감이 작용한 것입니다. 하지만 사업이 중국과 더욱 밀접해지는 와중에 **사드**[21] 미사일 배치 문제가 터졌습니다. 이로 인해 중국 정부는 한한령을 내렸고 우리나라 회사들의 중국향 매출이 감소했습니다. 이에 따라 중국과 대립각을 세우게 된 2016년부터 아모레퍼시픽의 주가는 하락했으며 PER 역시 2020년 말까지 계속 떨어졌습니다. 하지만 최근 아모레퍼시픽은 중국에서 설화수 등 럭셔리 화장품 라인을 강화하며 새로운 활로를 찾아 주가와 PER이 다시 회복되는 모습입니다.

리레이팅의 또 다른 예는 한미약품에서 찾을 수 있습니다. 화장품과 마찬가지로 우리나라 제약사들은 내수 위주의 사업 구조에서 벗어나지 못하고 있었습니다. 그러다 2015년 한미약품이 얀센(Janssen), 사노피(Sanofi), 베링거인겔하임(Boehringer Ingelheim), 제넨텍(Genentech) 등 글로벌 제약사들과 다수의 기술 수출 계약을 체결하면서 주가가 폭등합니다. 그 당시만 해도 해외에 조 단위로 수출 계약을 맺는 것은 주로 조선업계나 건설업계에서만 있던 일이기에 매우 충격적인 사건이었습니다. 동시에 우리나라가 선진국으로 한 단계 더 도약하는 계기가 되기도 했습니다. 2011년부터 기술 수출 계약이 발표되기 직전인 2015년

....

21   THAAD, 적의 탄도미사일 공격으로부터 방어할 목적으로 제작된 공중방어시스템

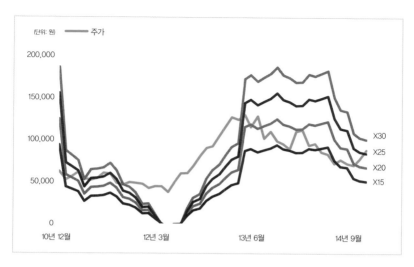

(단위: 원) —— 주가

200,000

150,000

100,000   X30

50,000   X25
                                                               X20
                                                               X15
0

10년 12월   12년 3월   13년 6월   14년 9월

한미약품 2011년부터 2015년까지 주가와 PER

(출처: 저자 직접 작성)

까지 한미약품의 12개월 Forward PER은 15배에서 25배 사이에서 거래되고 있었습니다.

그러다 2015년부터 2017년까지의 Forward PER은 40배에서 60배가 되었습니다. 기술 수출한 품목이 글로벌 시장에 출시되었을 경우 벌어들일 막대한 수익과 추가적으로 나타날 수 있는 기술 수출에 대한 기대감이 반영되었기 때문입니다.

그러나 수출된 품목들의 판권이 2016년부터 하나둘씩 반납되기 시작하면서 한미약품 PER도 덩달아 떨어졌습니다. 기대감이 식으면서

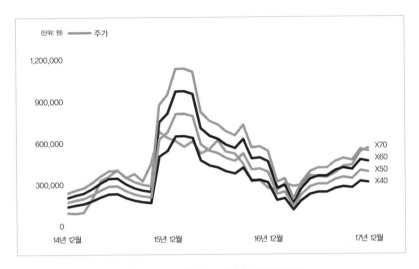

(단위: 원) ━━━ 주가

1,200,000

900,000

600,000   X70
                                    X60

                                    X50
300,000   X40

0

14년 12월   15년 12월   16년 12월   17년 12월

한미약품 2015년부터 2018년까지 주가와 PER

(출처: 저자 직접 작성)

디레이팅에 돌입한 것입니다.

결국 PER배수는 "언제까지 실적이 성장하는가?"가 아닌 "언제까지 실적 성장률이 상승 혹은 유지되는가?"라는 데에 달려있다고 볼 수 있습니다. 실적이 증가했어도 그 퍼센티지가 꺾이기 시작하면 PER배수가 내려오면서 주가 상승의 탄력을 잃기 시작합니다. 그때부터는 실적이 잘 나오는 것처럼 보여도 주가는 크게 반응하지 않습니다. 투자자들은 "그 정도는 벌 줄 알았어. 당연히 그렇게 벌겠지. 아니, 더 벌었어야지. 그 정도는 별로 놀랍지 않네."라고 생각할 것입니다. 150cm인 초등학생 아이의 키가 어느 해 10cm 더 크면서 160cm가 되면 앞

                                                     내가 산 주식은 왜 안 오를까?

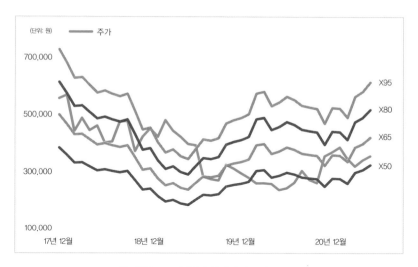

(단위: 원) ━━ 주가

700,000

500,000

300,000

100,000

X95
X80
X65
X50

17년 12월   18년 12월   19년 12월   20년 12월

한미약품 2018년부터 현재까지 주가와 PER

(출처: 저자 직접 작성)

으로 장신이 될 것이라고 기대할 수 있습니다. 10cm씩 두 해만 더 커도 180cm가 될 수 있으니까요. 부모나 당사자는 흥분합니다. 하지만 170cm의 대학생이 1cm가 자랐을 때 앞으로 1cm씩 9년만 자라면 180cm가 될 수 있다고 생각하지 않는 것과 같은 원리입니다.

길리어드로 알아보는
PER

    시가총액을 예상 순이익으로 나누면 PER이 되고, 숫자가 낮으면 상대적인 저평가라는 것을 아는 분들은 많습니다. 그런데 실제로 만난 개인투자자 중에서 PER을 좀 다루신다는(?) 분의 사례를 떠올려보면, 작년 PER을 보거나 Forward PER까지도 아시면서 정작 적정 PER을 산출하거나 타 업체와 PER을 비교하며 주가가 싼지 비싼지 제대로 파악하는 것은 낯설어 하셨습니다. 이런 분들은 주로 다음과 같이 주장하는 경향이 있었습니다.

    ① "A회사는 PER 30배인데, B회사는 PER 50배다. 둘은 같은 업종이다. 따라서 A회사도 50배를 받아야 한다!"

    ② (내년이나 내후년 실적이 급격히 증가하는 회사인 점은 간과한 채) "올해 PER이 100배다. 이건 너무 비싸다."

내가 산 주식은 왜 안 오를까?

③ "글로벌 최대 제약사 화이자(Pfizer) PER은 13배에 불과한데 왜 한미약품은 60배나?"

PER이라는 콘셉트는 이미 오랜 기간 전 세계적으로 통용되는, 학문적으로도 인정받는 밸류에이션 지표입니다. 그러나 위와 같이 생각 혹은 주장하시는 분들은 PER이 '성장성 지표'로 쓰이는 점을 간과한 것입니다. 심지어 증권 전문 기자도 위와 같은 질문을 자주 합니다. 자, 부디 PER에 대해서는 다음의 룰을 꼭 기억해주세요.

1) 고(저)성장이 예상될 때 PER이 높(낮)아진다

똑같이 100억 원을 벌어도 시가총액이 다른 이유는 두 회사의 성장성이 다르기 때문입니다. 두 회사 모두 올해는 100억 원을 벌어도 100억 원을 달성하기까지 걸린 속도가 다를 것이고 내년 그리고 내후년에 벌 금액도 분명히 차이가 날 것이기 때문입니다. ①번 질문에서 같은 산업군인데 PER이 다른 이유가 바로 여기에 있습니다. 또한 ③번 질문에서 글로벌 최대 제약사보다 우리나라 기업 PER이 더 높은 이유는 성장성에서 차이가 나기 때문입니다. 미국이나 유럽의 유명 제약사들은 이미 전 세계를 평정했고, 따라서 성장성이 높지 않습니다. 그렇기 때문에 PER이 낮고, 이제 막 성장하기 시작한 우리나라 제약사 혹은 바이오텍들은 당연히 PER이 높을 수밖에 없습니다. 매년 꾸준히 같

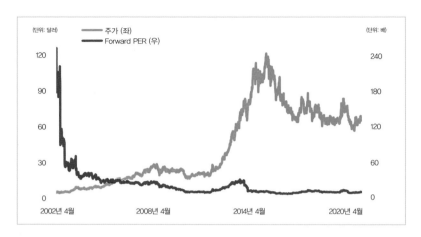

(단위: 달러)	주가 (좌)		(단위: 배)
	Forward PER (우)		

길리어드의 2002년부터 현재까지 주가와 Forward PER

(출처: 저자 직접 작성)

은 금액의 돈을 버는 회사보다 매년 두 배씩 이익이 늘어나는 회사의
PER이 훨씬 높기 마련입니다.

위 차트는 코로나19 치료제 렘데시비르를 개발해 우리나라에서도
유명한 미국 **길리어드**(Gilead Sciences)의 것입니다. 2014년까지 10년 이
상 주가가 수십, 수백 배 올랐지만 한때 200배가 넘었던 PER은 일찌
감치 가파르게 내려왔음을 확인할 수 있습니다.

그래서 PER의 보조 지표로 **PEG**[22](PER to EPS Growth)를 참고할 필

....

22 PEG = PER / (주당순이익 증가율(%) X 100).
　　향후 이익 성장성에 비해 현재 주가수익비율(PER)이 적정한지 보여주는 지표.

내가 산 주식은 왜 안 오를까?

요가 있습니다. 이는 월가의 영웅으로 불리는 피터 린치(Peter Lynch)가 애용하던 툴로도 유명합니다. PEG는 주당순이익(EPS) 증가율과 반비례합니다. PEG는 PER을 주당순이익(EPS) 증가율로 나눈 것이기에 올해 20% 증가할 것으로 예상되는 기업의 PER이 20배라면 PEG는 1배입니다. 그러므로 PEG가 낮을수록 성장성 대비 저평가된다는 뜻이겠죠? 이렇게 두 회사 간의 PER이 다르다면 올해 예상 EPS 증가율로 나눠서 서로 비교하면 유용합니다. 여기서 유의할 점은 올해 예상 EPS나 순이익에 일회성 이익은 없는지, 내년에도 이러한 성장세가 유지될 수 있을지를 살피는 것입니다.

2) 순이익 증가율이 상승(둔화)할 때 PER이 더 높(낮)아진다

위에서 상대적 PER 비교에 대해 설명했는데요, 절대적 PER도 봐야 합니다. PER이 높아질 때는 다른 회사의 PER이 높아졌기 때문에 키 맞추기에 들어가는 경우도 있지만, 자체 펀더멘털이 강화되면서 재평가되기도 합니다. 올해 이익률이 5% 늘었는데 내년에는 10% 늘고, 그 다음 해에 20% 늘면 PER이 점점 더 올라갑니다. 그러다 이익률의 상승 곡선이 꺾이면 PER도 하락하죠. 영원히 고성장할 수는 없으니까요. 따라서 상승세가 둔화될 때 PER이 내려오면서 주가가 고점을 찍습니다. 이런 재평가는 회사에 큰 변화가 생겼을 때 미리 발생하는 경우가 많습니다. 신사업을 시작한다든지 신제품을 출시할 때 "이 회사가 여태껏 보여주지 못한 성장률을 앞으로 보여주겠구나."라는 기대가 퍼지면 주가가 오르죠. 그게 바로 재평가되는 순간입니다.

또는 투자자들이 먼저 파악하지는 못했지만, 회사 실적이 꾸준히 나와 스스로의 가치를 입증했을 때 재평가되기도 합니다. 시장의 신뢰도가 실적 기반으로 높아진 것이죠. 반대로 실적은 좋은데 주가가 못 따라가는 회사도 있습니다. 심지어는 실적이 사상 최대치인데 주가가 빠지기도 합니다. 이는 향후 성장성이 보이지 않거나 기대할 것이 없다는 의미로 볼 수 있습니다. 호재가 발생했는데도 주가가 안 오를 때는 한번 고민해봐야 합니다. 주가에 호재가 선반영되었는지 아닌지 말이죠. 이럴 때 일부 개인투자자들은 세상의 부조리를 탓하기도 합니다. '개관(기관)', '외계인(외국인투자자)', '공매 세력' 등 불특정 다수에게 원망의 화살을 돌리기도 합니다. 하지만 필자의 생각은 좀 다릅니다. 실적이 좋은데, 충분히 주가가 오를 만한 회사를 일부러 마음먹고 따돌리는 투자자는 없습니다. 빠질 만하니까 주식을 팔고, 공매를 하는 것이라고 봐도 무방합니다.

PER을 투자에 활용하려면 주가는 기본적으로 회사에 대한 기대치를 선반영한다는 점을 기억해야 합니다. 올해 추정치 기준으로 따지긴 하지만, 내년 혹은 내후년 벌게 될 이익에 대한 기대감도 반영됩니다. 따라서 올해 기준 PER이 높을 땐, 현재의 추정치보다 앞으로 돈을 더 벌 것 같다는 투자자들의 믿음이 담겨 있다고 볼 수 있습니다.

내가 산 주식은 왜 안 오를까?

이런 PER의 구동 원리를 제대로 이해하면 주가의 **저점**과 **고점**을 파악하기에 좋습니다. 악재 발생이나 수급적인 이유로 주가가 하락할 때, PER이 낮으면 추가적인 주가 하락은 제한적입니다. 단, 악재가 발생할 때는 예상 이익도 같이 하락하는 경우가 많기 때문에 주가가 하락해도 PER이 낮아지지 않는 경우도 발생합니다. 이 점은 유의해야 합니다. 그러니 PER이 많이 하락하면 주위를 한번 둘러보시기 바랍니다. ① 우리나라 시장 PER도 빠졌는지 ② 다른 동종회사들의 PER도 빠졌는지 ③ 과거에도 이 회사가 이렇게 낮은 PER을 받은 적이 있었는지 말이죠. 물론 이런 정보들을 직접 산출하는 것은 개인투자자에겐 다소 어려울 수 있습니다.

적어도 언론 보도나 애널리스트 리포트에 이런 말들이 나올 때 더 주의하시기 바랍니다. 고점을 파악할 때도 마찬가지입니다. 단, 유례없이 빠르게 성장하는 회사에 역사적 잣대를 들이대는 것은 무리가 있습니다. 혹은 회사가 탈바꿈하는 상황에서, 과거 받았던 PER 보다 지금 PER이 높다고 고점이라고 보는 것은 성급한 판단입니다.

한번 올라간 PER은 강력한 악재가 있지 않는 한 빠지지 않습니다. 강남 부동산도 **고평가** 논란이 벌써 30년째입니다. 하지만 강남 한복판에 폭탄이 떨어져 주변 인프라가 모두 사라지지 않는 한 프리미엄은 쉽게 내려오지 않을 것입니다. 사람들의 기대로 한껏 오른 주가의 고점이 빠지는 경우는 크게 두 가지입니다. 기대감을 꺾는 강력한 악재가 발생하거나, 이익이 정점을 찍어 더는 성장하기 어렵다는 인식을 줄 때. 그땐 PER이 흘러내리면서 실적이 빠지지 않았는데도 주가가 하락합니다.

PER을 잘 해석할 수 있으면 특정 **호재**가 발생했을 때 이 호재가 이미 주가에 얼마나 반영된 상태인지도 판단할 수 있습니다. 소문에 사서 뉴스에 팔라(Buy the rumor, sell the news)는 말이 있죠. 콩글리시로 "Sell on news."라고도 하는데요, 소문난 호재가 실제로 발생하면 차익실현을 하는 투자자가 많아지면서 주가가 하락하는 현상을 가리키는 표현입니다. 이때 PER을 어느 정도 활용할 줄 알고 뉴스의 임팩트(영향력)를 계산할 수 있다면 뉴스가 나온 시점에서 팔아야 할지 아니면 버텨야 할지 파악할 수 있습니다.

한 가지 우려되는 점은 요즘 기업가치에 감성을 개입시키는 일이 종종 있다는 점입니다. 이익과는 관계없는 이벤트로 주가가 상승하는 것이죠. "'국내 최초의 항암제'를 개발할 것으로 보이는 회사니까 기업가치를 크게, 그것도 몇조 원(몇조 원에 대한 근거는 물론 없습니다.) 정도로 평가받아야 하지 않냐?"라는 질문을 받았던 것이 생각납니다. 그분께 한 답변은 이랬습니다. "국내 최초의 항암제라고 해서 미국 의사들이 미국 항암제보다 더 많이 처방할 것 같진 않습니다." 세계 최초의 항암제였다면 말이 달라졌겠죠. 세계 최초라면 많이 팔릴 거라고 기대할 수 있기 때문입니다. 국내 최초의 항암제를 개발한 것도 당연히 대단한 일입니다. 하지만 주가 혹은 기업가치와 이것은 다른 이야기입니다.

내가 산 주식은 왜 안 오를까?

모 유튜버는 이 회사의 기업가치가 지나치게 높다고 생각하는 투자자들을 "국내 최초의 항암제 출시를 방해하는 매국노."라고 일갈했습니다. 국내 최초의 항암제 개발은 반가운 일이고 존경할 만한 일이지만 기업가치가 무한정 올라가는 것과는 별개의 이야기입니다. 모든 주식은 처음에는 뉴스에 따라 주가가 급등락하겠지만 결국에는 본질적인 내재가치에 수렴한다고 생각합니다. 과도하게 오른 주가가 내재가치에 수렴되는 구간, 즉 하락 구간에 있을 때 주식을 산다면 처참한 결과를 맞이하겠죠.

워런 버핏과의 점심 식사 서비스를 제공하는 회사 – PER의 활용 예

PER의 작동 원리를 쉽게 이해할 수 있는 재미있는 예를 하나 들어보겠습니다. 전설의 투자자 **워런 버핏**(Warren Buffett)과 점심 식사를 하기 위해 엄청난 비용을 지불해야 하는 거 아시죠? 그분의 투자 조언을 듣고자 이 비싼 점심 식사 기회를 잡기 원하는 사람이 무척 많습니다. 여기서부터 필자가 상상을 해보겠습니다. 워런 버핏의 이 점심 식사 사업 모델(?)이 워낙 쏠쏠하다 보니 회사를 하나 차립니다. 회사명은 WB라고 짓겠습니다. 이 회사의 사업 모델은 간단합니다. 1인 직원인 워런 버핏이 할 일은 돈 받고(1억 원이라고 가정하겠습니다.) 2시간 동안 점심을 먹으면서(점심값도 상대방 지불이라고 가정합니다.) 이야기만 잘 해주면 됩니다.

이 회사의 실적을 분석해보겠습니다. 예상 매출은, 1년 내내 쉬지 않고 점심 식사를 한다고 가정했을 때 [365일 X 1억 원 = 365억 원]이라고 볼 수 있습니다. 원가 중 특별한 변동비는 없습니다. 점심을 먹으러 가든 안 가든 변하는 비용은 없으니까요. 그래도 품위유지비, 홍보비, 사무실 대여비 등 고정비는 있겠죠? 이를 연 15억 원이라고 가정하겠습니다. 그럼 이 회사의 영업이익은 [365억 원 - 15억 원 = 350억 원]입니다. 법인세 20%를 제하면 280억 원의 순이익이 매년 발생하겠네요. WB란 회사는 이 비즈니스를 10년째 이어오고 있습니다. 그간 이 회사는 1억 원이라는 점심 식사 비용을 올리지도 않았고 워런 버핏의 인기 역시 식지 않아 점심 예약은 1년 내내 유지되고 있습니다. 자, 이제 질문을 하나 하겠습니다. 이 WB라는 회사는 PER을 많이 받아야 하는 회사일까요?

아닐 것입니다. 고성장이 기대되지 않기 때문입니다. 매년 280억 원의 이익을 꾸준히 내겠지만, 이 회사에는 리스크가 있습니다. 바로 워런 버핏의 나이입니다. 1930년생인 워런 버핏의 나이는 90세가 넘었습니다. 언제 생을 마감할지 모르는 고령이죠. 이런 회사의 주가는 점점 흘러내리다가 박스권을 형성할 것입니다. **성장성**도 없는데 이익의 지속성도 몇 년 남지 않았으니 PER은 한 자릿수로 예상합니다. 대략 PER은 순이익 280억 원의 3배에서 4배 정도로 평가되었고, 시가총액은

내가 산 주식은 왜 안 오를까?

약 840억 원에서 1,120억 원 사이를 왔다 갔다 할 것입니다. 워런 버핏이 몸이 안 좋아서 병원에 입원했다는 소문이라도 돌면 그날은 하한가를 갑니다. 그리고 퇴원했다는 소식이 들리면 그동안 빠진 주가의 절반 정도만 되돌아올 것입니다. 매년 280억 원이 꽂히지만 이 사업을 언제 접어야 할지 모른다는 생각에 PER도 점점 내려갑니다.

초보 투자자들은 의아해합니다. "이상하네, 워런 버핏 같은 투자자가 세상에 또 어디있다고. 얼마나 위대한 분인데! (감성을 꽉꽉 집어넣습니다.)" 점심 식사 상품은 예약이 다 찼고 인기도 여전한데 대체 왜 주가는 안 오르지?" 그러다 2020년 말 WB는 언론에 이렇게 보도합니다. "2021년 1월 1일부터 우리 WB는 워런 버핏과의 점심 식사 가격을 1억 원에서 1.3억 원으로 인상하겠습니다. 스케줄은 기존과 동일하게 연중 내내 이어집니다." 투자자들이 계산기를 돌립니다. 매출은 [365일 X 1.3억 원 = 475억 원]으로 전년 대비 30% 증가합니다. 영업이익은 [475억 원 − 고정비 15억 원 = 460억 원]입니다. 여기에 법인세 20%를 차감하면 순이익 368억 원으로 전년 280억 원 대비 31% 증가하는 것입니다.

이 뉴스를 발표하자마자 주가는 최대 30% 상승할 것입니다. 그러다 주가는 다시 또 슬슬 내려가기 시작합니다. 올해 늘어날 이익의 성장성이 주가에 이미 한번 반영되었고, 고령인 워런 버핏의 나이는 바뀌지 않기 때문에 투자자들의 불안감은 여전합니다. 기업가치는 1,100억 원에서 1,500억 원, PER도 여전히 3~4배에서 횡보하고 있습니다.

세월이 흐를수록 PER은 더욱 내려갈 것입니다. 배당을 준다면 그나마 버티겠죠. 워런 버핏의 표정이 안 좋거나 병원에 갈 때는 1,100억 원까지 찍다가 컨디션이 좋아 보일 때 반등을 하고 다시 1,500억 원을 찍고 내려오는 움직임이 무한 반복됩니다. 이 부분은 앞서 언급한 PER 밴드를 그려보면 확연히 보일 것입니다. 그러다 회사가 또 중대 발표를 합니다. "성장성이 부족하다는 투자자들의 의견을 받아들여 기업가치 제고 차원에서 워런 버핏과의 '저녁 미팅' 상품을 출시합니다. 저녁 미팅은 1주일에 3번 열릴 것이고 참가비는 2억 원입니다. 많은 참여 부탁합니다."

이 소식을 발표한 후 WB의 기업가치와 PER은 어떻게 될까요? 한번 계산해보겠습니다. 1년은 52주고 1주일에 3번 저녁 미팅을 한다고 했으니 1년에 156회. 여기에 참가비 2억 원을 곱하면 312억 원이 새로 발생하는 신사업(?)입니다. 기존 매출 475억 원에 312억 원이 새로 붙습니다. 매출은 787억 원으로 65%나 증가합니다. 고정비는 저녁까지 먹는 만큼 10억 원에서 20억 원으로 늘었습니다. 787억 원에서 20억 원을 뺀 767억 원의 영업이익, 법인세 20%를 차감하니 613억 원의 순이익이 예상됩니다. 기존 368억 원의 예상 순이익보다 67% 증가한 수치네요. 그렇다면 주가도 67% 오를까요? 그렇지 않을 확률이 높습니다. 아마 소폭 상승에 그칠 것입니다. 단기적으로 실적이 폭증하겠지만 90세의 워런 버핏이 이런 무리한 스케줄을 계속 감행할 경우 건강이 급격히 악화될지도 모른다는 생각이 들기 때문이죠. 지속성에 의문이

내가 산 주식은 왜 안 오를까?

듭니다. 실적이 67% 늘어났지만 주가는 한 20% 정도만 오를 것으로 보입니다. 기업가치는 [1,100억 원 ~ 1,500억 원] 밴드에서 [1,300억 원 ~ 1,800억 원] 밴드를 형성합니다. 순이익이 613억 원이니까 PER 2~3배에서 거래됩니다. 확실히 예전 3~4배보다는 내려왔습니다.

워런 버핏의 말이 점점 어눌해지고 행동이 느려지는 걸 직감한 WB는 **신성장동력**(?)을 모색합니다. 워런 버핏 한 명만 상품화했던 것을, 요즘 잘나간다는 젊은 투자자 여러 명을 더 영입합니다. 또 점심/저녁 미팅 사업 모델을 미국뿐 아니라 해외로 확대하는 계획을 세웁니다. 그리고 책도 내고 방송이나 유튜브에도 출연하고 DVD도 팔면서 수익 모델을 다각화하기로 했습니다. 이렇게 되면 사업 모델이 국내 연예기획사처럼 바뀌네요. 젊은 투자자들과의 식사가 워런 버핏과의 식사처럼 매진되지 못할 수도 있지만 사업의 장기 지속성에 대한 의심은 어느 정도 해소되었습니다. 사업 모델도 다각화되어 꼭 식사가 아니어도 이익이 발생하는 구조로 바뀌었습니다. 이럴 경우 내년 예상 이익이 올해 대비 30% 늘어나도 주가는 2배 이상 오를 것입니다. PER이 단번에 2~3배에서 10~15배까지 뛸 수 있기 때문입니다. 순이익 800억 원짜리 회사로 변모했을 뿐인데, 시가총액은 8,000억 원에서 1조 원이 됩니다. 그 이유는 시간이 지날수록 투자 구루들의 영입이 계속되어 진출 국가가 늘어나고, 판매 품목 역시 확대되어 올해 30% 늘어난 순이익이 내년에는 40%, 내후년에도 40%는 증가할 전망이거든요.

이제 대충 **PER의 작동 원리**에 대해 감이 잡히세요? PER은 현재의 이익은 물론이고 미래의 이익 증가율을 대변해주는 지표입니다. 현재 시장이 돌아가는 상황을 봤을 때, 혹은 앞으로 새로 영위할 사업 덕분에 아무리 생각해도 돈을 지금 기대치보다 더 벌 것이라고 투자자들이 믿는다면, 이익 추정치가 올라가기 전에 주가가 올라가므로 PER이 올라갑니다. 반면, 아무리 회사가 향후 이익이 많이 날 것이라 우기고 애널리스트의 추정치가 높아도 시장 참여자들이 이를 인정하지 않는다면 결국 PER이 낮아질 수밖에 없습니다.

내가 산 주식은 왜 안 오를까?

유통주로 알아보는
피어그룹 분석

이 표는 증권사 리서치 보고서에 자주 등장하는 **피어그룹**(Peer, 동종업계) 비교표입니다. 한번 참고해 보시기 바랍니다. 이 표는 같은 산업 내 경쟁 업체들 간의 실적과 밸류에이션을 한눈에 비교하면서 투자 매

국내기업 (단위: 십억원, X)		이마트	신세계	GS리테일	호텔신라	BGF리테일	현대백화점	롯데쇼핑
시가총액		4,488.0	3,012.6	2,914.5	3,795.3	3,163.0	2,113.2	3,408.8
PER	2020A	11.7	NA	15.8	NA	19.1	23.8	NA
	2021F	12.8	12.4	18.0	72.8	20.0	11.2	36.7
	2022F	10.7	10.2	16.9	25.1	17.3	8.7	12.8
매출액	2020A	22,033.0	4,769.3	8,862.3	3,188.1	6,181.3	2,273.2	16,184.4
	2021F	24,220.1	5,705.3	9,184.6	3,574.2	6,708.4	3,063.0	16,297.1
	2022F	25,785.5	6,503.1	9,633.6	4,698.7	7,131.7	3,445.4	16,693.7
영업이익	2020A	237.2	88.5	252.6	(185.3)	162.2	135.9	346.1
	2021F	424.8	449.8	263.0	141.7	205.6	305.3	525.3
	2022F	504.3	529.8	326.2	261.9	236.2	388.6	694.6
영업이익률 (%)	2020A	1.1	1.9	2.8	(5.8)	2.6	6.0	2.1
	2021F	1.8	7.9	2.9	4.0	3.1	10.0	3.2
	2022F	2.0	8.1	3.4	5.6	3.3	11.3	4.2
당기순이익	2020A	362.6	(69.1)	154.5	(283.3)	122.7	105.1	(686.6)
	2021F	363.3	280.4	189.6	53.2	158.0	245.7	150.7
	2022F	438.5	340.9	238.7	154.4	183.4	312.1	300.6
순이익증가율 (%)	2020A	82.0	NA	7.6	NA	(18.9)	(56.8)	NA
	2021F	0.2	NA	22.7	NA	28.8	133.9	NA
	2022F	20.7	21.6	25.9	190.5	16.1	27.0	99.4

유통업체들의 Peer Group 테이블

(출처: 저자 제공)

력이 높은 회사를 고를 때 사용됩니다. 여러분은 어떤 회사가 제일 좋아 보이나요?

표를 살펴보겠습니다. 어느 기업이 가장 투자 매력이 높은지는 각자 다르게 판단할 수 있습니다. 필자라면 다음과 같이 판단해보겠습니다.

먼저 제일 싼 회사가 어딘지 보겠습니다. 현재 PER이 가장 낮은 기업은 현대백화점입니다. 현대백화점의 순이익 증가율을 한번 볼까요? 올해 134%가 늘고 내년에는 27%가 늘어날 것이라는 전망입니다. 올해 성장률 134%가 인상적이긴 하지만 이는 작년 이익이 57% 감소한 영향도 있을 것입니다. 2020년에 적자를 거둔 회사들이 있습니다. 아무래도 코로나19 영향으로 보입니다. 따라서 올해보다는 내년의 순이익 증가율을 보는 게 더 합리적이겠죠. 내년 실적으로 보면 현대백화점의 내년 PER은 8.7배에 순이익 증가율은 27%입니다.

앞서 두 회사 간 PER을 비교할 때 PEG를 활용한다고 했죠? PER을 순이익 증가율로 나눈 PEG는 8.7을 27로 나눈 0.32배네요. 이마트와 신세계의 내년 PER은 10.7배, 10.2배로 배수가 낮은 편입니다. PEG도 둘 다 0.5배 전후입니다. 시장에서는 이마트와 신세계의 투자 매력을 비슷하게 본다고 해석할 수 있습니다. 다만, 현대백화점보다는 조금 더 높은 가치를 받고 있습니다. PER도 높고 PEG도 높습니다. 즉 같은 이익, 같은 성장률을 보여도 이마트와 신세계의 시가총액이 현대백화점보다 높게 형성된다는 것입니다.

PER이 가장 높은 회사는 호텔신라입니다. 그러나 2022년 순이익

내가 산 주식은 왜 안 오를까?

증가율도 가장 높습니다. PEG는 0.13배입니다. 결론적으로 PER은 현대백화점이 가장 낮아서 제일 싸 보이지만 실적 증가율을 감안한 PEG로는 호텔신라가 오히려 싼 것입니다. 다른 회사들의 PEG를 보면 GS리테일은 0.65배, BGF리테일은 1.07배, 롯데쇼핑은 0.13배입니다. GS리테일, BGF리테일과 같은 편의점 주식들의 PEG가 대체적으로 높고 백화점이나 마트보다는 호텔과 면세점으로 구성된 호텔신라의 PEG가 낮습니다.

필자가 여기서 말하고자 하는 것은 PER이 가장 싸다고, 혹은 PEG가 가장 낮다고 무조건 그 회사를 사야 하는 게 아니라는 점입니다. PER이 낮은 회사들은 성장률도 낮을 가능성이 높고, PER이 높은 회사들은 높은 대로 고성장을 보여주기 때문입니다. 만약 이런 패턴을 보이지 않는다면 시장은 다르게 생각한다는 뜻입니다. 즉 예상 성장률이 낮은데도 PER이 높다면 시장 참여자들의 실제 성장률 기대치는 더 높다는 의미일 수 있습니다. 반대로 예상 성장률이 높은데도 PER이 낮다면 높은 성장의 실현 가능성에 대한 우려의 표명인 것입니다. 편의점이나 마트 주식들이 면세점보다 PEG가 높은 이유는 아무래도 관광객에 대한 의존도가 낮기 때문일 것입니다. 그렇다면 이 구간에서 무조건 싼 걸 살 것이 아니라 향후 어떻게 상황이 진행될지 고민하면서 PER/PEG를 비교해봐야 할 것입니다.

정답은 없습니다. 곧 관광객들의 유입과 유출이 활발해질 것이라

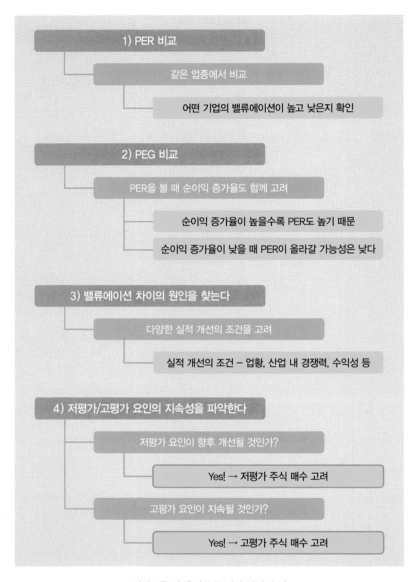

1) PER 비교

　　같은 업종에서 비교

　　　　어떤 기업의 밸류에이션이 높고 낮은지 확인

2) PEG 비교

　　PER을 볼 때 순이익 증가율도 함께 고려

　　　　순이익 증가율이 높을수록 PER도 높기 때문

　　　　순이익 증가율이 낮을 때 PER이 올라갈 가능성은 낮다

3) 밸류에이션 차이의 원인을 찾는다

　　다양한 실적 개선의 조건을 고려

　　　　실적 개선의 조건 – 업황, 산업 내 경쟁력, 수익성 등

4) 저평가/고평가 요인의 지속성을 파악한다

　　저평가 요인이 향후 개선될 것인가?

　　　　Yes! → 저평가 주식 매수 고려

　　고평가 요인이 지속될 것인가?

　　　　Yes! → 고평가 주식 매수 고려

피어그룹 내 유망종목 판단 방법의 예

내가 산 주식은 왜 안 오를까?

고 생각하면 현재 PEG가 낮은 호텔신라를 살 수 있을 것입니다. 아니면 여전히 우리나라 시장에서 편의점의 입지가 견고할 것이라고 생각하면 GS리테일이나 BGF리테일을 살 수 있겠죠. GS리테일이 BGF리테일보다 PER이나 PEG가 더 낮습니다. GS리테일이 BGF리테일 못지않은 경쟁력을 가졌다고 보면 GS리테일을 사야 합니다. 혹은 GS리테일이 아무리 싸더라도 BGF리테일처럼 잘할 수 없다면 조금은 비싸더라도 BGF리테일을 사는 것이지요. 결론을 다시 한번 말하면 PER과 PEG는 무조건 싸다고 좋은 것이 아닙니다. 싼 것은 싼 이유가 있습니다. 하지만 그 싼 회사가 너무 저평가되어 있다면 다른 회사들과의 키 맞추기가 일어날 수 있다는 점, 그리고 업황이나 회사의 경쟁력이 변해서 시장의 기대치를 넘어서면 재평가가 일어날 것이므로 매수해야 한다는 점을 유념하시기 바랍니다.

실적 없는 바이오 회사들은?
- 미래에 돈을 벌게 된다고 가정한다

여태까지 PER로 설명했는데 이건 결국 EPS 즉, 주당순이익이 나오는 기업에만 활용할 수 있는 이야기였습니다. 하지만 만년 적자인 바이오 업체들에게는 이러한 잣대를 적용하기가 어렵습니다. "만년 적자 회사가 어떻게 이런 시가총액을 받을 수 있느냐?"라면서 불평 혹은 푸념하는 투자자도 많이 봤습니다. 신약 개발 업체와 같은 적자 회사들은, 전통적인 주식만 봐오던 투자자들에겐 말도 안 되는 난센스로 통합니다. 그러나 시대는 변합니다. 예전에는 회사가 흑자를 내야만 IPO(Initial Public Offering, 기업공개)를 할 수 있었지만, 주식의 상장을 주관하는 증권거래소가 이 규정을 바꾸었습니다. 적자 회사도 기술이 뛰어나거나 장래가 촉망되는 회사는 상장을 허용한 것이죠. 이들 회사들의 시가총액이 불어나고 주식시장에서 차지하는 비중이 커지면서 이제는 이러한 트렌드를 무시할 수만은 없습니다. 필자는 종종 바이오, 핀테크, 블록체인, NFT 등 지금은 적자를 내는 유망 산업에 투자하길 꺼리는 투자자들에게 이런 비유를 해드립니다. "이것은 마치 영어를 안 배우겠다고 하는 것과 같습니다. 당장 외국인이랑 대화할 일이 없는데 왜 영어를 배우냐고 하는 사람은 아마 살면서 영어 때문에 커리어에 발목 잡힐 날이 분명히 있을 겁니다."

각설하고 적자 회사는 그럼 기업가치도 0원이어야 할까요? **시클리컬** (Cyclical, 경기변동) 산업인 반도체와 디스플레이의 대표 주자인 SK하이닉스와 LG디스플레이도 불경기일 땐 대규모의 분기 영업적자를 냅니다. 그럼 그 두 회사가 실적 발표를 하는 순간 주가가 순간적으로 0원까지 하락할까요? 상상도 할 수 없는 일입니다. 그런 일이 일어나지 않는 이유는 두 가지 불변의 진리 때문입니다. 1) 적자 회사에도 내재가치가 있다. 2) 주식은 미래 가치를 선반영한다.

오히려 적자를 기록하는 동시에 실적이 바닥을 찍었다는 기대감으로 주가가 반등하는 경우도 있습니다. 심지어는 PER 기준으로 주가가 비쌀 때 사는 경우도 있는데, 반도체 주식이 대표적입니다.

일반적으로 주식은 쌀 때 사서 비쌀 때 팝니다. 이를 'Buy low, sell high'라고 합니다. 여기서 '싸다', '비싸다'는 단가나 시가총액이 아니라 PER을 기준으로 이야기하는 겁니다. 예를 들면, PER 7배에 사서 10배가 되면 파는 것이지요. 하지만 바이오나 기타 일부 주식들은 PER이 비쌀 때 사서 쌀 때 팝니다. 과거의 주식시장은 정보가 시장에서 빠르게 순환되지 않아 주가에 미리 반영되지 않는 약형시장(Weak Form Market)이었습니다. 때문에 싸다 싶은 주식을 사서 들고 있으면 서서히 소문이 퍼지며 제 가치를 인정받아 주가가 오르는 구조였습니다. 그러나 요즘처럼 정보가 전 세계로 실시간으로 퍼지는 강형시장(Strong Form Market)에서는 이야기가 좀 다릅니다. 특히 바이오나 일부 시클리컬 주식들은 비쌀 때 사서 쌀 때 팝니다(Buy high sell low). 이게 무슨 말이냐고요?

PER은 주가를 주당순이익으로 나눈 값입니다. 그러므로 순이익과 반비례 관계라는 것을 기억하시죠? 만년 적자를 내는 회사의 시가총액이 1,000억 원이라고 가정하겠습니다. 이 경우 PER의 분모값인 이익이 없으므로 PER은 존재하지 않습니다. 그러다 순이익 1억 원을 번다면, PER이 무려 1,000배입니다. 이럴 때 사람들 혹은 언론에서 이렇게 얘기하죠. "무려 PER이 1,000배다. 조심해야 한다." 라고요. 그런데 아시다시피 1억 원을 번 다음 해 2억 원을 벌어도 성장률은 100%입니다. 그러면 PER이 500배로 뚝 떨어집니다. 그러다 10억 원을 벌면? PER 이 100배가 됩니다. 주가도 오를 것입니다. 하지만 벌면 벌수록 PER은 점점 낮아질 것입니다. PER 기준으로 비쌌던 주식이 이익이 늘어나면서 점점 저렴해지는 것입니다. 이런 추세로 성장세가 둔화되면 이 회사는 PER이 10배 정도로 싸질 것입니다. 그만큼 돈을 번 안정적인 회사가 되는 것입니다. 그렇기에 PER 1,000배에 사서 PER 10배에 파는 것이죠. 수익률이 엄청날 것입니다. 망할 뻔하다가 극적으로 살아나면서 바닥 대비 20배가량 주가가 오른 HMM(구 현대상선)같은 사례가 대표

한기평, 현대상선 신용등급 최하위 'D'로 강등

[경향비즈. 2016.04.08]

현대상선의 회사채 신용등급이 최하위 등급인 D등급까지 떨어졌다.

한국기업평가는 8일 현대상선의 무보증사채 신용등급을 종전 'CCC'에서 채무불이행(디폴트) 등급인 'D'로 강등했다고 밝혔다. D등급은 회사채 신용등급의 최하위 등급이다.

HMM, 1분기 영업익 1조193억…사상 최대

[데일리한국. 2021.05.14]

HMM은 올 1분기 연결기준 영업이익이 1조193억원으로 작년 1분기와 비교해 흑자전환했다고 14일 밝혔다. 지난해 전체 영업이익 9808억원을 훌쩍 뛰어넘었다.

같은 기간 매출은 작년 1분기보다 85% 늘어난 2조4280억원을 기록했다. 순이익은 1541억원으로 흑자로 돌아섰다.

2016년 부도 위기에 처했던 HMM(현대상선)의 완벽한 부활

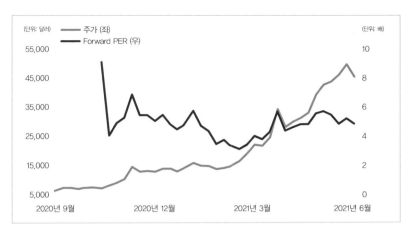

(단위: 달러) ── 주가 (좌)
── Forward PER (우)
(단위: 배)
55,000
10
45,000
8
35,000
6
25,000
4
15,000
2
5,000
0
2020년 9월   2020년 12월   2021년 3월   2021년 6월

HMM의 주가와 PER

(출처: 저자 직접 작성)

적입니다.

그렇기에 실적이 아직 없는 바이오 주식들이 임상 실험 뉴스에 예민한 것입니다. 임상 실험 진행이나 성공 같은 뉴스는 바이오 회사가 신약을 개발해서 과연 판매될 수 있을지를 가늠해주는 이벤트들입니다. 이 이벤트에 따라 주가는 급등락하고 미래의 성공, 실패에 따라 주가의 향방이 결정되겠지요.

따라서 바이오 투자자라면 바이오 회사의 기사나 이벤트가 나올 경우 이게 어떤 의미인지, 어떤 임팩트를 주는 뉴스인지 파악하는 것이 가장 중요합니다. 그리고 적어도 내가 투자한 회사가 개발하고 있는 신약의 타깃 시장 사이즈 정도는 알아야 합니다. 그래야 뉴스의 임팩트를 어느 정도 가늠할 수 있습니다.

실적은 어떻게 해석하면 좋을까?
숫자를 곧이곧대로 받아들이지 마라

모든 상장회사들은 1년에 4번 실적을 발표합니다. 애널리스트나 투자자들은 발표된 실적 내용을 바탕으로 자신들의 전망치를 다듬습니다. 예컨대, A회사의 올해 매출을 100억 원으로 예상했는데 1분기에 50억 원이 나왔다면 올해 예상 매출을 상향해야 할 가능성이 높아집니다. 하지만 전문투자자가 아닐 경우 발표된 실적을 해석하기가 어렵습니다. 이에 발표된 실적을 해석하는 간단한 팁을 드리고자 합니다. 앞에서 언급된 내용이지만 중요하기 때문에 한번 더 짚고 가겠습니다.

A회사의 영업이익이 200억 원으로 전년 대비 2,500% 늘었다는 기사를 보았습니다. 2,500%라니, 놀라운 성장률입니다. 이제 흥분해서 매수 버튼을 누르나요? 흥분을 가라앉히고 먼저 해야 할 일은 컨센서스가 얼마인지를 확인하는 것입니다. 즉, 시장이 얼마를 기대하고 있었으며, 이 200억 원이라는 숫자는 시장의 기대치에 부응했는지를 파악하는 것입니다. 시장이 200억 원이 아닌 300억 원 이상을 기대하고 있다면 2,500%라는 증가율은 인상적이지만 주가를 끌어올리기는 부족합니다. 만약 시장이 100억 원 정도를 기대했다면 컨센서스를 100% 상회하는 것이기 때문에 이 실적을 보고 주가가 오를 가능성이 높습니다.

그 다음은 200억 원의 퀄리티를 파악하는 일입니다. 시장의 기대치가 100억 원이고 이를 크게 상회하는 200억 원이라 하더라도 순수하게 본업만으로 달성한 숫자인지 아니면 단기적인 요인이 있었는지를 알아야 합니다. 본업만으로 달성한 숫자가 아닌 일회적인 요소가 많이 포함되어 있다면 다소 실망스러울 수 있습니다. 일반 투자자분들이 이를 직접 파악하는 방법은 어려우니 애널리스트 리포트나 관련 기사 등을 참고하면 좋습니다.

마지막으로 올해 및 내년 예상 컨센서스를 알아보고 이 회사가 이를 달성할 수 있을지 없을지를 회사의 최근 경영 방향을 보고 판단하시면 됩니다. 하지만 여기까지 하는 것은 부담이 크고 꽤 어려운 일입니다. 따라서 2,500%라는 숫자에 휘둘리지 않고 차분하게 컨센서스가 얼마였는지 정도만 파악해도 투자 실패 가능성을 대폭 낮출 수 있습니다. 내가 투자한 회사가 실적 발표를 하기 전에 미리 컨센서스를 알아 두는 것도 좋은 투자 자세입니다.

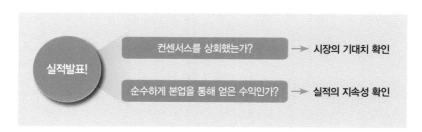

실적발표 확인 후 내용을 파악하는 법

chapter 2

주식시장 4대 세력으로 알아보는 '게임의 룰'

시장 참여자로 알아보는 수급

주식은 끝없는 매수, 매도 속에 가격이 형성됩니다. 매수보다 매도 의지가 강하면 주가가 하락하고 매도보다 매수가 많으면 주가가 상승할 것입니다. 그래서 혹자는 주식이 100% **수급**이며, 수급은 펀더멘털보다 위에 있다고 믿습니다. 이건 정말 미묘한 문제입니다. 망해가는 회사도 수많은 사람들이 미친 척하고 사면 당연히 주가가 오르겠지요? 물론 망해가는 회사를 그렇게 산다는 것이 현실적이진 않지만요. 어쨌든 펀더멘털이 좋은 곳에 돈이 모이듯 돈의 힘은 주가를 움직입니다.

언론에서는 "기관·외국인이 순매수, 순매도를 얼마나 했다." 이런 이야기를 많이 합니다. 일부 개인투자자는 특정 수급 주체에 대한 음모론을 이야기하기도 합니다. 하지만 필자가 경험한 바에 따르면 그런 경우는 거의 없습니다. 자신의 주식투자 손실을 특정 수급 세력의 음모론으로 치부하기보단 본인이 놓친 부분을 겸허히 받아들이고 더 실력을 키우는 것이 현명합니다.

수급의 원리를 제대로 파악하기 위해 수급의 주요 주체부터 살펴보겠습니다. 누가 사고 파느냐를 파악하는 것은 시장 분위기를 감지하는데 도움이 됩니다.

1) 외인: 외국 국적의 기관투자자입니다. 애널리스트였던 필자의 경험상 우리나라에 활발하게 투자하는 외국인은 미국과 홍콩 쪽이 가장 많습니다. 그 외 싱가포르, 유럽 등이 우리나라에 투자하는 주요 외국인 투자자들입니다. 한국에 6개월 이상 거주하는 외국인이 매매할 경우에는 기타 외국인으로 분류됩니다. 외인 투자자들의 특징은 자금이 막대하다는 것이죠. 블랙록(Black Rock) 같은 세계적인 펀드는 굴리는 자산만 9천조 원이 넘습니다. 9천'억' 원이 아니고 9천'조' 원이라니 정말 천문학적입니다. 물론 이걸 다 우리나라 주식시장에 투자하진 않겠죠? 외국인 투자자들은 크게 롱펀드(Long Fund)와 헤지펀드(Hedge Fund)로 구분할 수 있습니다. 롱펀드는 주로 Long(매수) only의 장기투자자들입니다. 몇 년의 긴 호흡으로 투자합니다. 시가총액 비중대로 투자하는 벤치마크(Bench Mark) 투자자들이 많습니다. 전 세계에 투자하는 만큼 일일이 회사를 살펴기보다는 큰 그림에서 비중을 조절하는 것입니다. 예를 들어, 다음과 같은 전략입니다.

"요즘 중국 경기가 좋으니 중국 비중을 높여야겠다. 한국은 비교적 성장이 저조해 투자 비중을 낮추지만 중국에 팔리는 화장품은 판매 호조를 보일 것이니 한국 내에서 화장품 회사 투자 비중은 높인다."

회사를 하나하나 꼼꼼히 보는 건 주로 중소형주 전문인 '헤지펀드'들이 합니다. 중소형주를 전문으로 하는 만큼 세계적으로 경쟁력 있는 회사들을 하나 하나씩 집중하여 발굴합니다. 이런 헤지펀드는 롱과 숏(Short, 공매도)을 함께 싣는 전략을 구사하고 단기투자도 많습니다. 특정 이벤트가 발생할 때 기계적으로 매수가 들어가기도 하고 숏을 치기도 합니다.

2) 개인: 말 그대로 개인투자자들입니다. '개미'라고도 하죠. 직접 휴대폰 MTS(모바일트레이딩시스템)로 투자하거나, 증권사 지점을 통해 거래합니다. **랩어카운트**[23]도 개인 수급으로 집계됩니다. 아직까지 개인의 투자는 오르면 따라 사고 내리면 따라 파는 일방향 수급, '뇌동매매'로 치부되기도 하지만 이러한 모습도 점차 바뀌는 추세입니다.

3) 기관: 기관투자자입니다. 크게 연기금(연금+기금), 투신(투자신탁), 사모, 보험, 기타로 구분됩니다.

....

23 증권사에서 운용하는 종합자산관리 방식의 상품. 고객이 예탁한 재산에 대해 증권회사의 금융자산관리사가 고객의 투자 성향에 따라 적절한 운용 배분과 투자 종목 추천 등의 서비스를 제공하고 그 대가로 일정률의 수수료(Wrap fee)를 받는 상품

- 연기금: 기관투자자 중 가장 유명한 건 국민연금이죠. 근로소득이 있는 국민들의 돈을 모아서 자산을 운용합니다. 투자 규모는 약 800조 원으로 전 세계 3대 연기금 중 하나입니다. 안정적으로 운용해야 하므로 주로 채권에 투자하고 일부는 주식에 투자합니다. 근래엔 해외로도 투자 범위를 활발하게 확대하고 있습니다. 그 외 연기금으로 우정사업본부(우체국), 사학연금(사립학교 교사), 공무원연금(공무원), 행정공제회(지방 공무원), 군인공제회(퇴직군인) 등이 있습니다. 이들은 직접 투자하기도 하지만 자산운용사들에게 투자를 위탁하기도 합니다. 매매의 빈도가 적고 장기투자를 하는 경우가 많습니다. 중소형주보다는 주로 벤치마크 플레이를 많이 합니다. 이들의 목표는 절대 수익이 아닌 상대 수익입니다. 코스피 시장의 등락과 비교합니다.

- 투신: 자산운용사입니다. 은행이나 증권사에서 가입하는 펀드를 기반으로 운용됩니다. 한국투자신탁운용, 미래에셋자산운용, 삼성액티브자산운용 같은 회사들입니다. 최근 개인투자자들의 직접 투자가 많아지면서 개인들이 가입했던 펀드의 환매(중도 해약)가 늘었습니다. 이로 인해 기관투자자/자산운용사의 영향력은 갈수록 줄고 있습니다.

- 사모: 사모펀드입니다. 은행이나 증권사에서 누구에게나 판매되는 공모펀드가 아니고 주로 고액 자산가들에게 비공개로 판매됩니다. 절대 수익을 추구하는 만큼 더 활발한 매매 전략을 구사합니다.

내가 산 주식은 왜 안 오를까?

- 금융투자: 주로 증권사의 거래를 가리킵니다. 프로그램 매매나 증권사 고유 자금 운용(프랍 트레이딩이라고 합니다) 혹은 자사주 신탁(기업들이 자사주 매입할 때) 등이 여기에 해당합니다.

- 보험: 여러분이 가입한 보험금을 굴리는 곳입니다. 장기투자보다는 단기투자 성격이 강합니다. 사건/사고가 발생하면 바로 고객에게 보험금을 지급해야 하기 때문입니다. 이는 고객의 예금을 운영하는 은행도 비슷합니다.

- 기타금융: 전문투자자 중 은행, 금융 투자 회사, 보험 이외의 기관입니다. 상호저축은행 등이 여기에 해당됩니다.

- 기타법인: 투자 기관으로 분류되지 않은 법인이 투자할 경우 여기에 해당합니다.

펀드로 알아보는
매매 전략

① 외인 매매 동향

수급 주체를 대략 파악했다면, 이제 이들의 **매매 동향**을 보고 투자 전략을 세워보겠습니다. 먼저 개인투자자들이 열광(?)하는 외인입니다. 매수·매도 창구에 모건스탠리, 크레디트스위스, 메릴린치 등의 외국계 증권사가 뜰 경우 외인일 가능성이 높습니다. 미래에셋자산운용 같은 대형 운용사도 외국계 창구로 주문을 넣을 수 있는데요, 그런데 이런 경우엔 기관으로 수급이 찍힙니다. 중소형주에 대한 외국계 증권사의 주문이 크게 들어오면 이는 중소형주 전문 외국계 운용사거나 단순한 시스템 트레이딩일 수 있습니다.

참고로, 외인들이 좋아하는 한국 개별 주식은 따로 있는 편입니다.

내가 산 주식은 왜 안 오를까?

주로 성장주나 안정적인 캐시카우(Cash Cow, 수익창출원)를 보유한 회사들이죠. 이런 외인의 주식 선택을 두고 뷰티 콘테스트(미인대회) 같다고도 합니다. 가장 아름다운 한 명을 뽑는다는 것인데, 산업을 먼저 보고 기업으로 접근하는 탑다운(Top-down) 방식이 일반적입니다. 글로벌 피어들을 뽑은 후 그중 가장 좋은 회사를 살 때 한국 기업이 포함되어 있는 식이죠. 외인 지분율이 높은 보톡스, 임플란트 주식들을 대표적인 예로 볼 수 있습니다. 보톡스나 임플란트는 산업적인 측면에서 고령화 수혜주로 꾸준한 성장이 예상됩니다. 외인들은 이런 우리나라 주식들이 가격 메리트가 있다고 판단될 경우 매수를 하고, 5% 이상의 지분을 매수하면서 지분 신고까지 하기도 합니다. 아니면 이들은 국내에서 지배적인 마켓 포지셔닝을 확보해서 편하게 발 뻗고 잘 수 있는 주식들을 삽니다. 주로 재무적으로 건전한 회사들입니다. 그렇지 않은 경우의 매수는 단순한 단타거나 시가총액 비중 채우기에 불과합니다.

한편 외국인 투자자, 특히 북미 투자자들은 국내 바이오 회사에 투자하는 것을 그다지 선호하지 않는 모습을 보였습니다. 이유는 그들이 보기엔 영어가 잘 통하고 정보가 많은 미국이나 유럽의 바이오 회사들의 R&D(연구개발) 능력이 훨씬 좋기 때문입니다. 슬프지만 굳이 정보 접근성도 낮고 R&D 능력도 떨어지는 한국 바이오 회사들에 투자할 필요성이 낮은 것이죠. 뷰티 콘테스트에서 밀리는 겁니다. 하지만 우리의 R&D 능력도 점차 발전하고 있어 앞으로는 달라질 것으로 기대합니다. 만약 본인이 투자한 회사에 외인 매수가 잡히면 한번 판단해보세요. 이 회사가 재무적으로 건전하고 미래 성장성이 높다면 외인 매수는 장기간 지속될 가능성이 높습니다. 그렇지 않다면? 단타로 그칠 가능성이 높다는 게 제 의견입니다.

② 기관 매매 패턴

기관의 경우 **매매 패턴**이 펀드의 성격에 따라 장기투자, 단기투자, 성장주, 가치주, 배당주, 모멘텀 등 다양합니다. 특정 섹터, 특정 종목에 집중해서 투자하는 펀드도 있습니다. 과거 기관들의 운용 자금이 컸을 때, 즉 10조 원 이상 주식을 굴리는 기관들이 여럿 존재했을 때에는, 그들의 순매수 패턴을 보는 게 중요했습니다. 운용 자금이 큰데, 비중대로 주식을 사야 한다면 하루 만에 원하는 비중만큼 주식을 살 수 없었기 때문이죠. 그래서 과거에는 기관이 사기 시작하면 적어도 며칠간 매수가 지속될 것으로 봐도 무방했습니다. 따라서 기관 매수세는 주가 상승으로 이어진다는 생각을 많이 했었죠. 그러나 이제는 운용 규모가 크게 줄고 단타도 많아지면서 그런 장기 매수 추세가 이어질 것이라고 단정 짓기 어려운 상황입니다.

최근에는 새로운 매매 세력(?)이 등장했습니다. 바로 CFD(Contract For Difference)계좌입니다. 개인이 외국계 증권사를 통해 행하는 **차액 결제 거래**[24]입니다. 일종의 장외 파생상품으로 볼 수 있는데요, CFD 거래는 실제로 투자 상품을 보유하지 않고 매매를 통해 차익을 얻습니다. 이걸 왜 하냐고요? 엄청난 레버리지를 쓸 수 있습니다. 최대 10배까지도 가능합니다. 또한 과거에는 대주주 양도세도 회피할 수 있었습니다. 이제는 안 되지만요. CFD계좌를 이용하려면 개인 전문투자자로 등록해야 하고, 금융 지식에 대한 시험을 봐야 계좌를 열어줍니다. 거래가 가능해지면 CS증권과 같은 외국계 증권사 창구가 거래창에 뜹니다. 수급도 외국인으로 잡합니다. 외국계 증권사를 통해서 물량이 지나치게 출회되거나 과하게 매수가 잡힌다면 그건 CFD계좌일 가능성이 높습니다. 엄청난 레버리지를 사용하는 만큼 여기서 매도가 나온다면 일단 조심해야 합니다. 계속 매도 물량이 나올 수 있거든요. 주로 반대 매매 때문에 손절하는 물량들이 많습니다.

24　개인이 주식을 보유하지 않고 진입가격과 청산 가격의 차액(매매 차익)만 현금으로 결제하는 장외파생계약. 출처: Naver 지식백과

지수로 알아보는
타이밍

　'코스피200인덱스 편입, MSCI인덱스 편입' 이런 말을 한 번쯤은 들어보셨을 겁니다. **인덱스**(Index, 지수)란 **벤치마크**[25], 즉 성과의 비교 대상을 뜻합니다. 절대 수익이 아닌 상대 수익 펀드의 경우 수익률의 퍼포먼스를 측정하는 비교 대상으로 인덱스를 사용합니다. 내가 올해 5%의 수익률을 기록했을 때 코스피200 지수가 10% 올랐다면 코스피200 지수 대비 하회(Underperform)한 셈입니다. 반대로 내가 올해 3%의 손실이 났어도 코스피200 지수가 5% 하락했다면 나는 코스피200 지수 대비 상회(Outperform)한 것입니다. 물론 절대 수익을 추구하는 투자자들에게는 안 통하는 변명이겠지만요. 이러한 각각의 인덱스에는 인덱

....

25　벤치마크benchmark. 투자의 성과를 평가할 때 기준이 되는 지표

스를 구성하는 종목(Composition)들이 있습니다. 이 구성 종목들의 오르내림 평균이 인덱스의 수익률입니다.

한편 인덱스 **펀드**라는 것도 있습니다. 인덱스와 거의 동일하게 종목 구성(포트폴리오)을 짜 놓은 펀드입니다. 펀드매니저가 종목을 일일이 공부하고 매매하는 액티브(Active) 펀드가 아닌 패시브(Passive) 펀드입니다. 아무 생각 없이 기계적으로 매수, 매도를 시행합니다.

인덱스에 대해서 간단히 말씀드렸습니다. 그렇다면 특정 종목이 인덱스에 편입되는 게 왜 호재인지 대충 감이 잡히나요? 그 인덱스를 복제하는 펀드라면 복제를 위해서 이번에 편입되는 종목들을 무조건 담아야 하거든요. 추종하는 인덱스 구성 종목을 시가총액과 유동 주식 비율대로 매수합니다. 코스피200 지수에 편입되면 이 지수를 추종하는 국내 기관 및 외국인 투자자들이 매수를 합니다. 혹시 2017년 말에 셀트리온이 코스닥에서 코스피로 이전 상장한다고 하면서 주가가 10만 원에서 40만 원까지 올랐던 것을 기억하시나요? 코스닥에서 코스피로 이전하면 코스피 지수를 추종하는 기관들이 어쩔 수 없이 살 수밖에 없을 거라는 논리였습니다. 시가총액이 크면 클수록 더 많이 사야 된다는 것이었죠.

코스피200 지수 편입 주기는 지난 2020년 6월, 연 1회에서 연 2회(6월, 12월)로 변경됐습니다. 외국 투자자들의 주요 벤치마크인 MSCI(Morgan Stanley Composite Index) 편입 주기는 2월, 5월, 8월, 11월 연 4회입니다. 신규 편입되는 종목은 편입일 3시 20분에서 3시 30분사이 동시호가 때 엄청난 외국인 순매수가 찍힙니다. 워낙 공개적으로 노출된 이벤트인지라 일반적으로 신규 편입 발표가 나고 편입일까지 주가가 오르다가 신규 편입일 직후부터 주가가 하락하는 일이 자주 발생합니다. 신규 편입될 것을 기대하고 미리 매수한 투자자들이 모멘텀 소멸로 팔고 나가기 때문입니다. 어찌 되었건 지수에 신규 편입되는 일은 누군가는 무조건 사기 때문에, 수급적으로 우호적일 수밖에 없는 이벤트입니다.

내가 산 주식은 왜 안 오를까?

섹터로 알아보는
순환매 로테이션

주식을 살펴볼 때는 내 보유 종목만 보는 게 아니라 섹터(산업) 위주로도 봐야 합니다. 내가 보유한 종목이 속한 섹터가 올라야 내 종목도 오를 가능성이 높기 때문입니다. 그리고 특정 섹터가 오르고 내리는 이유는 주로 전일 해외에서 있었던 뉴스나 최신 트렌드에 영향을 받는 경우가 많습니다. 그러한 흐름에 따라 **순환매**[26]가 발생합니다. 특정 섹터에서 특정 섹터로 돈이 몰리는 일종의 로테이션인 것입니다. 주요 종목들 위주로 HTS에 등록해서 섹터별로 분류해두면 그날 시장을 주도하는 섹터가 어떤 섹터인지 한눈에 파악할 수 있습니다.

....

26 증시에서 어떤 종목에 호재가 발생하여 투자자가 몰려 주가가 상승하게 될 경우, 그 종목과 연관성이 있는 종목도 주가가 상승하게 되는 것을 '매수 인기의 순환' 혹은 '순환매'라고 한다.

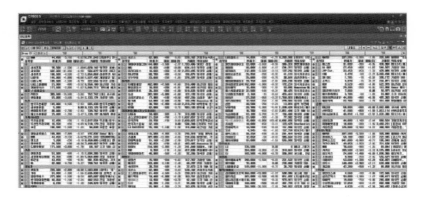

섹터별로 주요 종목을 등록한 저자의 HTS 화면

그럼 이제 주요 섹터들을 나열해 보겠습니다.

IT 먼저 반도체, 휴대폰 등이 포진된 IT입니다. 수출 중심 산업이니 글로벌 경기에 민감합니다. 다들 아시다시피 우리나라의 가장 큰 라이벌은 미국과 대만입니다. 주요 종목은 삼성전자, SK하이닉스, LG전자입니다.

자동차 IT와 비슷하게 수출 중심인 산업으로 자동차가 있습니다. IT처럼 우리나라 제품의 글로벌 포지셔닝이 고급 브랜드(High-end)는 아닙니다. 주요 종목은 현대차, 기아, 현대모비스입니다.

내가 산 주식은 왜 안 오를까?

화장품　　다음은 화장품입니다. 내수 위주였지만 한류 열풍으로 시장을 전 세계로 확장하고 있습니다. 특히 중국인에게 인기가 많아서 중국 관련 이슈에 민감합니다. 중국인들이 한국으로 많이 여행을 오면 주가가 오르고, 사드 같은 대형 이슈가 터지면 주가가 하락하는 모습을 보입니다. 주요 종목은 아모레퍼시픽, LG생활건강, 코스맥스입니다.

제약바이오　　제약바이오는 내수 위주의 사업에서 해외로 기술을 수출하면서 수출주로 변모하고 있습니다. 금리, 환율 등 경기에 크게 영향을 받지 않고 각 회사마다 개별 이슈로 움직입니다. 최근에는 코로나19의 세계적 유행으로 주식시장에서도 한번 크게 주목을 받았습니다. 주요 종목은 삼성바이오로직스, 셀트리온, SK바이오팜입니다.

유통　　**경기 민감주**　　쉽게 짐작할 수 있듯, 국내 경기에 민감한 업종은 유통입니다. 백화점, 마트 등의 업황은 경기에 민감할 수밖에 없겠지요? 주요 종목은 이마트, 롯데쇼핑 등입니다.

건설　　**경기 민감주**　　GS건설, 현대건설과 같은 건설주들도 국내 경기에 민감하고 그와 더불어 부동산 정책이 실적 및 주가에 중요한 요소로 작용합니다.

금융 **경기 민감주** 경기를 잘 나타내는 대표적인 지표로 금리가 있습니다. KB금융, 신한금융지주 같은 은행주들과 삼성생명 같은 보험 업종은 금리의 변화가 중요한 지표입니다. 반면 증권은 경기는 물론이고 주식시장과도 밀접한 연관성을 보입니다.

경기 민감주 유가, 물동량 등 글로벌 경기지표에 민감하게 반응하는 업종으로는 조선(한국조선해양), 화학(SK이노베이션, 금호석유화학), 철강(POSCO) 등이 있습니다.

경기 방어주 대표적인 경기 방어주로는 통신(SK텔레콤, KT), 인터넷(NAVER, 카카오)/게임(엔씨소프트), 음식료(CJ제일제당) 등이 있습니다. 세 업종 모두 경기가 어려워도 결국은 소비하는 산업이라는 공통점이 있습니다.

그 외 신흥 산업 요즘 글로벌 시장에서 우리나라가 뜨는 산업으로 엔터테인먼트(하이브, JYP엔터), 2차전지(LG화학, 삼성SDI) 등이 있습니다.

내가 산 주식은 왜 안 오를까?

이렇게 각 섹터 특성을 간단하게라도 파악하고 매일 뉴스를 보며 시대의 흐름을 읽는다면 어떤 섹터가 오를지 대충 눈에 보이게 됩니다. 가능하면 요즘 뜨는, 트렌디한 섹터의 종목에 투자하는 것이 단기적으로 성공 가능성이 더 높습니다.

chapter 3

실전 조언으로 알아보는
'투자 전략'

시장은
이미 다 알고 있다

"주식투자를 하고 싶은데, 정보가 없어서 뭘 사야 할지 모르겠다." 라고 생각해 보신 적 있으신지요? 전에는 주식 정보를 증권사 리포트, 케이블TV 증권 방송 등에서 주로 얻었는데, 요즘에는 유튜브, 리딩방 등 그 범위가 다양해지고 있습니다. 그리고 아마 주변 지인들로부터 "이건 너한테만 얘기하는 건데…"라며 솔깃한 정보를 받아본 적도 있을 겁니다. 이 대목에서 말씀드리고 싶은 점은 정보를 의심해보자는 것입니다. 정보의 내용이 사실인지 거짓인지를 의심해볼 수도 있겠지만, 그보다는 이 정보가 이미 주가에 반영된 상태인지를 봐야 합니다. 지인이 나에게 종목 정보를 줄 때 보통은 선량한 의도겠지만, 자신이 보유한 종목의 주가를 올리고 싶은 욕심에 소문을 퍼트리는 경우도 있을 겁니다. '내부에서 나온 특급 정보, 너에게만 알려주는 고급 정보'

라는 것도 모두 마찬가지입니다. 이런 정보를 들었을 때, 이 정보를 나한테 흘려주는 사람이 어떤 위치에 있는 사람인지, 그리고 나는 어떤 위치에 있는 사람인지 한번 생각해 보시기 바랍니다. 그러면 이 정보가 내 귀에 들어오기 전까지 얼마나 많은 사람들을 거쳐왔는지 대충 그려질 겁니다.

그리고 정보를 들었을 때 이 정보가 사실이라면 과연 주가에 미치는 영향은 어떨지를 파악하고 주가 차트를 열어 이 정보가 주가에 얼마나 반영되어 있는지를 알아보는 것이 중요합니다. 꽤 파급력 있는 내용의 정보인데, 주가에 얼마 반영되지 않았다는 판단이 든다면, 이 정보가 맞든 안 맞든 간에 주가는 오를 가능성이 높습니다. 따라서 그럴 땐 그냥 속아주는(?) 겁니다. 하지만 차트를 봤을 때 이미 호재가 반영된 것으로 보이면 그 종목은 사지 마시기 바랍니다. 산다고 해도 소량, 많이 산다 해도 단기로 대응하시기 바랍니다. 아마 미리 안 그 소식이 뉴스로 나오면 주가는 급락할 가능성이 큽니다. 소문에 사서 뉴스에 팔라(Buy the rumor, sell the news)는 주식 격언을 앞서 소개해드렸는데요, 소문이 많이 났고 주가가 많이 올라와 있으면 호재 발생 시 주가가 급락하는 경우가 비일비재합니다. 소문을 듣고 "현실화되면 바로 팔아야지."라고 생각하며 기다리는 주주들이 득실득실하니까요.

"시장, 즉 미스터 마켓(Mr. Market)은 IQ 300이다."라는 말이 있습니다. 집단지성인 주식시장은 때로는 바보 같지만 대부분의 경우 매우 똑똑합니다. 거의 모든 걸 알고 있고 때론 미래까지 내다보는 능력이 있습니다. 시장을 너무 얕보지 마십시오. 검증되지 않은 얄팍한 소문으로 이익을 볼 수 있었다고 생각하기보다는, 시장이 좋아서 수익이 났다고 생각하는 편이 더 맞을 것입니다.

예측하지 말고 대응하라
어차피 예측은 어렵다. 대응만 잘해도 충분

    필자가 투자자들로부터 많이 받았던 질문 중 하나가 "그래서 앞으로 어떻게 될까요?"라는 내용입니다. 당연히 투자자들에겐 이것이 가장 궁금하고 중요한 질문이겠죠. 하지만 누구 하나 시원하게 말해주는 사람이 없습니다. 대답도 두루뭉술, 애매한 경우가 많습니다. 미래를 예측하는 것은 어렵습니다. 애널리스트들도 각자의 예상과 전망이 있습니다만 틀리는 것이 두렵기 때문에 문장에 "다만…"이라고 단서를 붙여 빠져나갈 구멍을 만들어 놓습니다.

    그래서 필자는 미래를 예측하기보다는 '대응'하라고 조언합니다. 가능한 예상 시나리오들을 준비하고 시나리오별 대응 전략을 미리 짠다면 어떠한 사건이 발생했을 때 크게 당황하지 않고 대응할 수 있습니다.

    여담으로, 모 바이오 기업이 거래 정지되었을 때 몇몇 투자자가 이

내가 산 주식은 왜 안 오를까?

런 질문을 했습니다.

"지금 거래 정지 당했는데 어떻게 해야 할까요?"

필자는 대답했습니다.

"거래 정지 중이니 할 수 있는 일이 기도밖에는 없네요."

"그럼 앞으로 거래 재개가 될까요?"

"거래소의 심사 결과에 달렸는데, 거래 재개가 될지 안 될지는 사실 미리 예상할 수 없습니다. 만일 거래가 재개된다면 바로 팔지 마시고 조금 더 두고 보면 어떨까요? 어차피 지금 이 주가는 거래 정지에 대한 위험이 이미 반영되어 많이 빠진 상태기 때문에 오히려 거래 재개로 추후 주가가 오를 수도 있습니다."

거래 정지 당한 종목이 거래 재개가 될지 안 될지를 판단하기보다는, 거래 재개가 된다면(재개가 안 되면 그 주식은 그냥 휴지 조각이겠지만) 바로 매도할지, 그대로 보유할지, 아니면 추가 매수할지 미리 생각해야 합니다. 수많은 투자자들의 생각이 모인 시장의 방향성을 예측하기보다는 상황별 대응 방안을 미리 고민하는 습관을 기르는 편이 합리적입니다.

누가 감히 바닥/꼭지를 논하는가 - 아무도 모르게 옵니다

언론에서 "버블이 터질 조짐이 오고 있다."라든지 "이 정도면 바닥이다."라고 보도하는 것을 보셨을 겁니다. 특정 종목이나 자산이 급격히 올랐을 때 버블에 대한 우려나 경고가 들리고, 너무 떨어지면 투자자들은 바닥에서 매수하겠다는 소망을 품곤 합니다.

하지만 제 경험상 진정한 꼭지나 바닥은 누군가가 조심하라고 말할 때는 절대 오지 않습니다. 버블의 붕괴는 모든 것이 완벽하고 이런 국면이 영원할 것만 같을 때 갑자기 훅 다가오는 경우가 많습니다. IMF나 **리먼 사태**[27]가 그랬듯이 말입니다. "이 정도 빠졌으면 바닥이 아닐까?"라고 누군가가 말한다면 그것은 바닥이 아닐 확률이 높습니다. "정말 이러다 망하거나 죽는 게 아닐까? 정말 더는 가망이 없는 걸까?"라고 생각할 때 바닥이 오는 경우가 많습니다.

같은 맥락으로 다수가 "내년에는 코스피가 4,000까지 간다."라고 예상하거나 "앞으로 호황이 이어질 것."이라고 예측한다면 정반대로 흘러갈 가능성이 높다는 것이 필자의 생각입니다. 왜 그럴까요? 이것은 단순한 우연이 아닙니다. 다수의 의견이 틀리는 일이 많은 이유는 간단합니다. 만약 지금 경기가 너무 좋아서 모든 전문가들이 내년에 코스피가 4,000포인트까지 오른다고 떠들고 일반 투자자들까지도 그렇게 믿는 상황이라면 이미 모두가 주식을 샀을 것이기 때문이죠. 쉽게 말해, 모두가 경기 호황을 믿고 주식을 샀기 때문에 더는 주식을 새로

....

27 2008년 9월 15일 미국의 투자은행 리먼브라더스(Lehman Brothers Holdings, Inc.) 파산에서 시작된 글로벌 금융위기를 칭하는 말

내가 산 주식은 왜 안 오를까?

사줄 사람이 없는 것입니다. 그러면서 주가 상승 탄력이 둔화되고 지지부진합니다. 그러다 경기가 조금 삐끗하는 시그널이 발생하면 그때부터는 시장에 주식을 팔 사람만 가득하겠죠. 시장이 급락할 것입니다.

부동산도 마찬가지입니다. 필자의 기억에 2015년만 해도 모두가 "부동산으로 돈 버는 시대는 끝났다."라고 했습니다. 그리고 그 이후로 집값이 조금씩 오르기 시작했는데, 그때 신문에 자주 나오던 기사가 여러 명의 부동산 전문가에게 향후 집값 전망을 묻는 것이었죠. 정부가 집값을 잡겠다고 선언할 때부터 대부분의 전문가가 집값 약세를 점쳤습니다. 그런데 재미있는 사실은 집값이 오르면 오를수록 집값의 강세를 전망하는 전문가의 비중이 점점 많아졌다는 것입니다. 오르면 오를수록 내릴 것이라고 예상하는 것이 아니라 오르면 오를수록 더 오를 것으로 생각한다는 것이죠.

이처럼 다수의 의견과는 반대로 흘러가는 사례는 주식시장뿐 아니라 주변에서도 쉽게 찾을 수 있습니다. 주식만큼 수급이 중요한 농업에서도 이런 일이 왕왕 발생한다고 합니다. A작물을 키우다가 B가 유행하면 모두가 A의 농사는 관두고 B로 갈아타는 것이죠. 그럼 초기에는 B로 돈을 벌었지만 B의 공급이 많아지면서 가격이 떨어지고, A는 다시 부족해져서 A 가격이 올라가는 식입니다.

소문난 잔치를 경계하라
먹을 파이는 점점 작아진다

　　최근 IPO시장도 뜨거웠습니다. SK바이오팜이 대박을 터트리면서 IPO 청약 열풍이 불었습니다. 그러면서 하이브(구 빅히트엔터테인먼트), SK바이오사이언스 등 다른 대형주들의 IPO 청약 열기도 더욱 달아올랐습니다. **따상**[28], 따상상이라는 단어가 언론에서 심심치 않게 들려왔습니다. 필자도 신규 IPO 종목이 따상을 가지 않고 두 배만 오를 때 "왜 이리 주가가 약하냐."라고 문의를 받고는 했습니다. 그만큼 IPO의 '따상'이 당연시되던 구간이 짧게 있었습니다. 그러나 공모주에 모이는 청약 자금이 사상 최고가를 돌파하자 이에 따라 한 사람당 받을 수 있는 주식 수는 줄었습니다. 그리고 나서 상장한 종목들의 상장 직후 주

28　기업공개 직후 시초가가 공모가 대비 두 배로 형성된 후 상한가에 도달

　　　　　　　　　　　　　　　　　내가 산 주식은 왜 안 오를까?

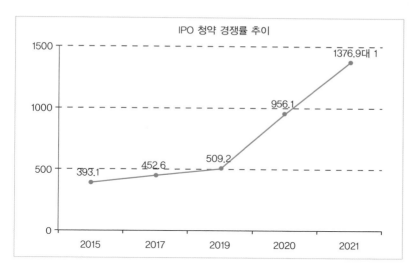

IPO 청약 경쟁률 추이

IPO 수익률이 좋아지면서 경쟁률도 급증

(출처: CEO스코어)

❶ SK아이이테크놀로지	80조 9017억원
❷ SK바이오사이언스	63조 6198억원
❸ 카카오게임즈	53조 5542억원
❹ 하이브(빅히트)	58조 4238억원
❺ 카카오뱅크	58조 3020억원
❻ 에스디바이오센서	31조 9120억원
❼ SK바이오팜	30조 9865억원

*카카오게임즈는 코스닥, 그 외는 코스피 출처: 각 사

역대 공모주 증거금 순위

가 흐름은 점점 약해졌습니다. 역시 다수가 몰릴수록 한 사람당 먹을 파이는 작아집니다.

역대 공모주 증거금 순위 1위부터 7위를 보면 모두 2020년 하반기부터 2021년까지 IPO가 추진되었던 종목들입니다. 공모주 열기가 뜨거워지자 투자금이 이쪽으로 과도하게 쏠린 모습입니다.

2020년 7월 2일에 상장한 SK바이오팜은 청약에 증거금 31조 원이 몰렸으며 4만 9,000원이었던 공모가는 상장 나흘 후 21만 7,000원까지 상승하는 모습을 보였습니다. 3거래일 연속 상한가를 기록했습니다. 대형주 청약 열기가 한층 달아오르기 시작한 계기가 아니었나 싶습니다.

– SK바이오팜

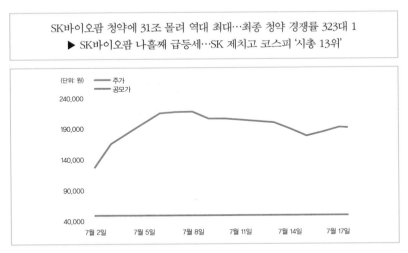

(출처: 저자 직접 작성)

– 카카오게임즈

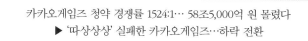

카카오게임즈 청약 경쟁률 1524:1··· 58조5,000억 원 몰렸다
▶ '따상상상' 실패한 카카오게임즈···하락 전환

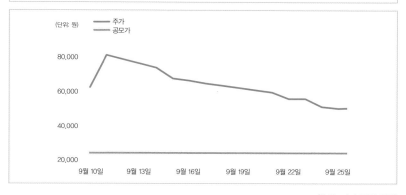

2020년 9월 10일 상장한 카카오게임즈의 청약 증거금은 58조 원으로 늘어났습니다. 2만4,000원이었던 공모가는 8만1,100원까지 상승했죠. 따상상입니다. 언론에서는 상한가 세 번을 기록하지 못해 아쉬워하기도 했습니다.

– 하이브(구 빅히트엔터테인먼트)

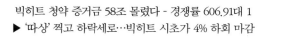

빅히트 청약 증거금 58조 몰렸다 - 경쟁률 606.91대 1
▶ '따상' 찍고 하락세로···빅히트 시초가 4% 하회 마감

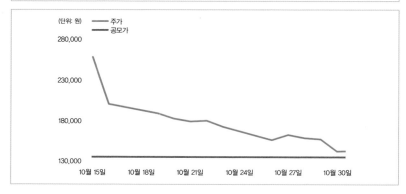

2020년 10월 15일 상장한 하이브입니다. 공모가 13만5,000원입니다. 카카오게임즈와 비슷하게 58조 원의 청약 증거금이 몰렸습니다. 경쟁률은 606.9대 1을 기록했습니다. 그러나 주가는 따상을 기록한 후 하락 전환했습니다.

내가 산 주식은 왜 안 오를까?

– SK바이오사이언스

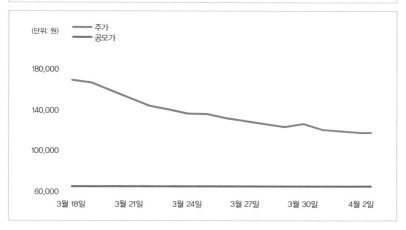

(출처: 저자 직접 작성)

2021년 3월 18일 상장한 SK바이오사이언스의 청약 증거금은 60조 원으로 하이브의 기록을 경신했습니다만, 주가는 따상에 그쳤습니다.

– SK아이이테크놀로지

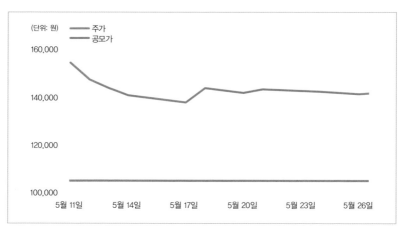

(출처: 저자 직접 작성)

2021년 5월 24일 상장한 SK아이이테크놀로지는 역대 최대 증거금 80조 원을 기록했습니다만, 주가는 따상은 고사하고 공모가 두 배를 형성한 후 26% 하락 마감했습니다.

종목을 분석하는 애널리스트도 심리적으로 이와 비슷한 영향을 받습니다. 업황이 좋아질 땐 한없이 좋아질 것만 같은 선입견이 작용합니다. 특히 반도체나 해운처럼 경기를 많이 타는 업종이 좋은 예입니다. 업황이 매우 안 좋을 때, 그래서 누구나 다 그 사실을 알고 있을 때 주가는 더 하락하지 않습니다. 나쁜 뉴스가 나와도 주가가 미동도 하지 않습니다. 그러다 조금만 좋은 이야기가 나오면 주가가 반응합니다. 악재보다 호재에 민감한 국면에 진입한 것입니다. 담당 애널리스트

내가 산 주식은 왜 안 오를까?

도 왜 주가가 오르는지 이해하지 못합니다. 그러다 업황이 좋아집니다. 대규모 적자에서 적자 규모가 차츰 줄더니 결국 흑자 전환을 합니다. 주가가 마구 달립니다. PER이 몇십 배, 몇백 배에 달합니다. 여기서 더 오르냐고 투자자들이 너무 많이 물어봐서 담당 애널리스트도 곤란해합니다. 심지어 투자자들을 상대하는 해당 기업의 주식 담당자(IR)조차도 어이없어하죠. 우리 회사가 이 정도로 좋은 건 아닌데, 이런 주가는 부담스럽다는 것입니다. 참고로 이런 경우에는 주가가 더 오를 수 있습니다. 아직까지 좋다고 느끼는 사람보다 좋지 않다고 느끼는 사람이 훨씬 많기 때문입니다. 이 주식의 잠재 고객이 여전히 많은 것이죠. 물론 업황이 향후 좋아진다는 가정하에 말씀드리는 것입니다. 업황이 개선되려다 무산되면 주가도 가다 말겠죠.

업황이 좋아지면 실제로 이익이 엄청나게 나오기 시작합니다. 직원들까지도 희망을 갖게 됩니다. 주가가 폭등합니다. 갑자기 PER이 확 내려와서 밸류에이션도 그렇게 비싸 보이지 않습니다. 어이없어하던 주식 담당자의 어깨에 힘이 들어가고 목소리에 자신감이 넘칩니다. 담당 애널리스트도 이제는 자신 있게 매수 의견을 냅니다. 이럴 때 이 주식의 꼭지가 오는 것입니다. 회사의 업황이 개선된 것을 알아챈 모두가 이 주식을 샀으며, 실적도 급등하여 PER이 정상 수준으로 회복되었죠. 주식시장은 정말 미래를 내다보는 IQ 300의 천재와 같습니다.

그래서 필자도 매수 추천을 위해 종목을 발굴할 때 미리 주변 투자자들에게 테스트를 해보곤 했습니다. 필자가 "A라는 종목 좋아 보이는

데 한번 사보는 게 어때?"라고 했을 때 다수의 투자자들이 그 종목에 대해 아예 모르거나, 거기를 왜 추천하냐며 눈살을 찌푸린다면 주가가 잘 가는 경우가 많았습니다. 반면 "아, A 거기 좋지! 나도 샀어."라며 다수가 수긍할 때는 주가가 잘 가지 않았습니다.

역시 주식시장은 재미있는 곳입니다. 예측하기가 어려운 만큼, 제대로 맞췄을 땐 짜릿한 수익을 얻을 수 있기 때문입니다. 예측이 어렵다면? 말씀드렸다시피 미리 준비해서 잘 '대응'하시길 바랍니다.

내가 산 주식은 왜 안 오를까?

역발상 투자란 무엇인가
대중의 반대로 움직여보자

반면 시장 참여자 다수의 판단과 반대로 투자하는 방식도 있습니다. 이를 **역발상 투자**(Contrarian) 라고 합니다. 워런 버핏 어록 중에 이런 말이 있습니다.

"모두가 두려워할 때 욕심을 갖고, 모두가 욕심을 가질 때 두려움을 가져라."(Be fearful when others are greedy, be greedy when others are fearful.)

정말 멋진 말입니다. 역발상 투자의 단면을 잘 설명해 주는 문구라고 생각합니다. 우리는 이와 반대로 행동하죠. 모두가 욕심을 가질 때 욕심을 갖고 모두가 두려워할 때 함께 두려워합니다. 남들이 두려워할 때, 즉 주가가 폭락하고 있는 곳을 매수하는 것은 정말 어려운 결정입니다. 오르는 종목, 오르는 자산에 투자하고 싶은 것이 인지상정이니까요.

그렇다면 역발상 투자는 언제 하는 걸까요? 그리고 어떻게 수익을 낼까요? 과거 한 놀이공원에서 놀이기구 사고가 난 적이 있습니다. 뉴스에서도 크게 다뤄졌던 사건입니다. 사고가 난 다음 날 놀이공원은 당연히 손님 없이 한산했을 것입니다. 겁에 질린 사람들이 놀이공원에 오지 않았을 테니까요. 하지만 사고가 난 다음 날 용감(?)하게 그 놀이공원을 간 사람은 긴 줄에서 기다릴 필요 없이 그동안 타고 싶었던 놀이기구를 마음껏 탔을 것입니다. 위험하지 않냐고요? 아니요. 아이로니컬하게도 매우 안전했을 것입니다. 그 어느 때보다도 말이죠. 사고가 난 직후인지라 직원 모두가 극도로 안전에 신경을 썼을 수밖에 없기 때문입니다. 그래서 남들이 꺼린 이 놀이공원을 역발상으로 방문한 사람은 매우 쾌적하게, 그리고 그 어느 때보다 안전하게 놀이기구를 즐겼을 것입니다.

역발상 투자가 성공하는 이유는 이렇게 아무도 매수를 하는 사람이 없다는 점에 있습니다. 일상 생활에서 찾을 수 있는 역발상 투자의 예를 몇 가지 더 들어보겠습니다.

1) 내가 다니는 회사에서 우리사주/자사주를 준다고 할 때 아무도 원하지 않을 때가 있고 모두가 받고 싶어 할 때가 있습니다. 아무도 받고 싶지 않을 때 주가는 바닥인 경우가 많습니다. 반면 우리사주/자사주를 모두가 받고 싶어 할 땐 주가가 꼭지일 가능성이 높습니다.

2) 경기 사이클을 타는 반도체 회사 공장에 다니는 친구가 요즘에

내가 산 주식은 왜 안 오를까?

일이 너무 없어서 망할 것 같다고 하면 주가가 바닥인 경우가 많습니다. 반면에 요새 우리 회사 주문이 밀려 너무 바쁘다며 우리 회사 주식을 사야할 것 같다고 하면 꼭지입니다.

3) 코로나19 백신 출시가 임박했다는 소식을 듣고 사회적 거리두기가 완화될 것이라는 생각을 하여 여행주, 항공주 등 관련주들의 주가를 보면 이미 주가가 저점을 찍고 반등해 상당 부분 회복했다는 것을 알 수 있습니다. 이처럼 주가는 언제나 미래를 선반영합니다.

4) 요즘에는 아파트 가격이 모두 다 올랐지만 과거 유명 아파트들 중에서는 미분양이었던 곳들이 많았습니다. 제 기억에는 1세대 주상복합으로 부의 상징이었던 도곡동 타워팰리스가 미분양이었습니다. 그리고 언론에서 가파른 집값 상승 대장주로 자주 거론되는 반포동 반포자이, 아현동 마포래미안푸르지오도 처음에는 미분양이었습니다.

어떤가요? 물론 바닥에서 종목을 잘못 선택하면 회사가 파산하거나 상장폐지되는 경우도 있겠습니다만, 잘만 고르면 아주 쉽게 큰 수익을 내기도 하는 것이 역발상 투자입니다.

천재일 필요는 없다
반박자만 앞서가자

　주식을 잘하려면 고급 내부 정보를 미리 알거나 엄청 똑똑해야 한다고 생각하는 경우가 많습니다. 하지만 필자가 생각하기에, 주식을 잘 하려면 더도 말고 덜도 말고 남들보다 딱 '반' 발자국만 앞서가면 됩니다. 뛰어난 안목으로 미래 변화를 예측하고 관련주를 선점한다고 칩시다. 하지만 그 예측이 '너무' 빠르면 주가가 따라오지 못하는 경우가 많습니다. 의외로 똑똑한 분들이 이런 식으로 장기투자하다가 지쳐서 팔고 나갔는데, 그제서야 주가가 오르는 경험을 더러 하시더군요.

　필자가 아는 분은 20년 전에 수제 맥주 회사에 투자했습니다. 지금이야 수제 맥주가 유행이었지만 20년 전은 군이 말하지 않아도 아실 겁니다. 너무 앞서 가는 것보단 유행이 퍼지기 직전에 투자하는 편이 큰 수익을 낼 가능성이 높은 셈이죠. 그러니 투자에는 엄청난 인사이트가 필요한 게 아닙니다. 그저 눈치가 빠르거나 유행에 민감하면 되는 거죠. 눈치가 없거나 유행에 둔감하면 기르면 되고요. 뉴스를 매일 꼭 챙겨보고, 그 뉴스와 관련된 종목들이 어떻게 움직이는지 꾸준히 관찰하면 감을 잡을 수 있습니다. '두더지 잡기 게임'과 비슷하다고 이해하셔도 좋습니다. 두더지가 튀어나온 걸 보고 망치를 들면 이미 늦습니다. 반박자 빠르게 움직이는 게 중요합니다. 가끔은 두더지가 나올 구멍을 예측해서 미리 망치를 들고 대기하는 것도 좋은 방법이겠죠.

너무 똑똑해서 수익을 못 내는 사례 중엔 다음과 같은 경우도 있습니다. 신제품이 출시됐는데, 누가 봐도 대박이 날 것으로 보입니다. 하지만 매우 똑똑하고 천재인 내가 보기에 그 아이템 판매는 실패할 것이라고 생각하여 투자하지 않았다고 합시다. 그런데 판매 기대감에 주가는 급등을 합니다. 그럼에도 본인 판단에 이 종목의 주가 상승은 말도 안 된다며, 저걸 사는 사람들은 바보라고 투덜대며 주가 상승에 배아파하죠. 그러다 그 제품의 판매량이 공개됩니다. 시장의 기대보다 잘 안 팔리는 게 드러난 거죠. 주가가 급락하기 시작하고 결국 기대감 직전 가격 수준까지 빠집니다. 이 모든 걸 예측한 투자자는 의기양양하게 회심의 미소를 짓습니다. "거봐라, 내가 맞았지? 역시 난 똑똑해."라고 하면서요.

하지만 만약 정말 더 똑똑했다면 이렇게 생각했어야 합니다. "우매한(?) 군중들은 지금 이 제품이 잘 팔릴 거라고 생각하겠지? 하지만 똑똑한 나는 안 팔릴 거라는 걸 매우 잘 알고 있지. 그래도 잠깐 속아줘

야지. 일단 관련주를 사 놓고 판매 결과가 나오기 직전에 나는 다 팔고 미리 도망가야겠다. 안 팔리는 걸 군중들이 알게 되면 그제서야 주식을 팔기 시작할 테니까." 그러면 실제로 바닥부터 끝까지 수익을 최대치로 내고 안전하게 빠져나올 수 있습니다. 가끔은 속아줄 줄도 알아야 합니다.

우리나라에 한 바이오 기업에서 실제로 비슷한 일이 있었습니다. 항암제를 개발하던 회사로, 상장 당시 횡보하던 주가는 임상 1상에서 완치자가 나왔다는 소식이 전해지면서 5~6배 오릅니다. 이 회사는 임상 2상에서 실패한 약물로 임상 3상을 강행하고 있었습니다. 당시 의구심을 표하는 사람들도 많았습니다. 하지만 자신이 보유한 자산에 대해 싫은 소리하는 것을 듣기 싫은 투자자들의 강한 반발도 있었죠. 그러나 FDA의 **무용성 평가**[29] 결과 임상 중단을 권고받으면서 결국 그 민낯이 드러납니다. 똑똑이 레벨1이라면 실패 우려를 생각해서 사지 않았겠지만 똑똑이 레벨2면 그 결과까지 생각하고 치고 빠지는 플레이를 했을 것입니다. 매수를 하고 주가 상승을 즐기다가 FDA의 무용성 평가 결과를 보기도 전에 전부 매도하는 거죠. 물론 이는 사건이 모두 다 일어난 후 할 수 있는 결과론적인 이야기고 실현하기 어려운 일인 것은 분명합니다.

---

29 Futility Analysis, 신약이 임상진행을 계속할 의미가 있는지 판단하는 평가

내가 산 주식은 왜 안 오를까?

1등과 꼴등, 무엇을 살까?
1등은 안정적이지만 대박은 꼴등에서 나온다

　주식투자는 대중의 기대감을 먼저 포착하는 것이 중요합니다. 그리고 주가는 그 기대치를 뛰어넘어야만 상승합니다. 모두가 기대하는 결과, 모두가 알고 있는 뉴스로는 절대 주가가 움직이지 않습니다. 이미 주가에 반영돼 있기 때문이죠. 기본적으로 "현재 공개된 정보는 주가에 이미 반영되어 있다."라고 가정하고 접근해야 합니다.

　이에 대한 좋은 예를 전문 도박사들이 하는 월드컵 우승 후보 맞추기에서 찾을 수 있습니다. 누구나 예상하는 축구 강국에 베팅하면 상금의 배수가 낮습니다. 반면 약체국에 베팅했을 때 상금 배수는 매우 높습니다. **고위험 고수익**(High Risk, High Return). 위험한 투자일수록 돌아오는 수익이 커야 투자자는 투자를 고려합니다. 주식도 마찬가지입니다. 실적이 잘 나오고 그 사실을 모두가 아는 회사는 퍼포먼스를 보여줘도 주가가 크게 오르지 못합니다. 반면에 망할 것 같은 회사는 조금만 잘해도 주가가 급등합니다.

　주식시장의 메커니즘에서 이러한 콘셉트를 이해하지 못하고 시장에 참여하는 분들이 많습니다. "이렇게 좋은 실적을 냈는데 주가가 빠지다니?", "이런 좋은 뉴스에도 주가가 오르지 않다니?"라고 많이들 생각하니까요. 내가 생각했을 때 참 좋은 회사인데 주가가 오르지 않는다면 혹은 빠진다면, 한국 시장의 문제점, 공매도 세력에 대한 음모론

등 엄한 곳에서 이유를 찾지 말고 그 회사에 대한 시장의 기대와 나의 기대에 큰 차이가 있었음을 인정할 줄 알아야 합니다. 주식투자에 있어서는 시장의 기대치를 언제나 반 발자국 빠르게 포착하는 것이 중요합니다.

존버를 주의하고
고집을 버려라

　인간은 누구나 자신의 믿음을 고집합니다. 그리고 자신의 믿음에 반하는 이야기를 듣는 것을 싫어합니다. 가장 대표적인 것이 종교와 정치입니다. 자신의 믿음에 시비를 거는 인간들을 적으로 간주하기 십상입니다. 특히 종교와 정치는 정답이 없기 때문에 신념을 깨기 더 어렵습니다.

　종교를 예로 들어보겠습니다. 40년 동안 매주 일요일마다 교회에 나가는 독실한 기독교 신자가 있다고 칩시다. 이렇게 굳은 믿음을 가지고 살면 죽어서 천국에 갈 수 있다는 기본적인 신념이 있습니다. 그런데 한 친구가 자꾸 하나님은 없다고 주장합니다. 얼마나 듣기 싫겠습니까? 하나님이 정말 없다면 지난 40년간 쏟은 나의 열정은 어떻게 되는 것이며, 죽은 후에 천국에 갈 방법도 없어집니다. 당연히 들으려 하지 않습니다. 또한 죽은 사람들이 하늘에서 "야, 하나님은 계신다! 그러니 열심히 믿고 나중에 같이 우리 천국에서 행복하게 살자!" 혹은 "하나님은 없어! 헛짓거리 하지 말고 그냥 인생 즐기다가 와라."라고 **뚜렷한 정답**을 주지 않기 때문에 종교에 대한 신념은 웬만해서는 깨지지 않습니다.

정치는 어떨까요? 여당이든 야당이든 일단 한번 편을 들면 잘못해도 서로 감싸주고 상대편은 잘해도 욕합니다. 그때는 맞고 지금은 틀리기도 합니다. 그리고 정책이 잘못되었다고 주장해도 다른 방어책을 강구합니다. 예를 들어, 부동산 정책이 잘못되었다고 누군가 주장하면 이에 맞서기 위해 지금 유동성이 넘쳐 흐르기 때문에 어쩔 수 없다고 하거나 이전 정부 때문이라고도 말합니다. 정확한 이유는 알 수 없습니다. 타임머신을 타고 돌아가서 다른 후보나 정당을 찍었다면 지금 어떻게 되었을지 확인할 길도 없습니다. 과거로 돌아가 A당 대신에 B당을 뽑으면 상황이 나아지는지 시뮬레이션해볼 수 없기 때문입니다. 이렇게 정치도 정답을 확인할 수 없기에, 내 믿음에 반하는 이야기는 더 들으려 하지 않습니다.

주식투자 역시 인간의 믿음을 바탕으로 돌아가지만 종교, 정치와는 다른 점이 있습니다. 정답을 언젠가 확인할 수 있다는 거죠. 공부를 열심히 하면 할수록 믿음은 더욱 강해집니다. 옆에서 누가 뭐라 해도 끄떡없습니다. 그러나 기업에 대한 공부 외에 기업가치에 대한 공부는 소

내가 산 주식은 왜 안 오를까?

홀한 경우가 많습니다. 주가가 빠지면 이 회사의 진가를 몰라본다고 분노하기도 하고, 기업은 좋은데 어떤 세력이 주가를 떨군다고 생각하기도 합니다.

이번 분기 호실적을 보고 매수했다면 짧게는 실적 발표 날에 정답이 드러납니다. 최근 인수한 회사와의 시너지를 바라보고 매수를 했다면 몇 년 뒤에는 그 시너지가 정말 있었는지 확인이 가능합니다. 현재 임상 중인 신약 개발 업체에 투자할 때도 마찬가지입니다. 따라서 종교, 정치와 다르게 그 민낯이 드러나면서 믿음이 깨지고 계좌가 깨지고 결국 후회와 반성을 하게 됩니다. "그때 그 전문가 말을 들을걸, 그때 친구가 팔라고 할 때 팔걸."이라면서 말이죠. 물론 올바른 판단으로 뚝심 있게 버텼다면 큰 수익으로 돌아올 것입니다. 눈과 귀를 열고 열린 마음으로 다양한 가능성을 고려해 냉철한 투자 판단을 하시기 바랍니다.

언제나 뒤늦게 후회하는 투자자들을 풍자한 '껄무새'

행동재무학(Behavior finance)에서는 이 믿음을 확증편향(Confirmation bias)이라고 부릅니다. 확증편향은 자신의 신념과 일치하는 정보는 받아들이고 신념과 일치하지 않는 정보는 무시하는 경향입니다. 인간은 누구나 자신의 믿음을 고집합니다. 하지만 정답을 확인한 후에는 이미

늦습니다.

눈치를 길러야 합니다. 주가의 움직임은 집단지성의 결과물입니다. 집단지성은 나보다 똑똑할 가능성이 매우 높습니다. 아무리 나의 신념이 강해도 돌아가는 분위기가 속된 말로 "쎄~하다면" 한번 고민을 해볼 필요가 있습니다. 시장을 냉철하게 봐야 합니다. 필자가 가진 투자 신념 중 하나는 "올라야 할 타이밍에 오르지 않는다면 다시 생각해봐야 한다."입니다. 분명히 이 타이밍에, 이 뉴스에, 이 실적에 주가가 올라야 마땅한데 오르지 않는다면? 시장이 이 사실을 몰랐을 가능성보다 내가 틀렸을 가능성이 훨씬 높습니다. 눈치껏 장세를 살피고 분위기가 쎄~하면 과감히 손절하시기 바랍니다. 내가 생각했던 포인트로 주가가 다시 오르면 그때 다시 사도 됩니다.

한 가지 더 말씀드리고 싶은 부분은 일명 '존버'에 대한 자세입니다.

손절매 못한 손실	복구해야 할 수익률
3%	3.09%
5%	5.26%
10%	11.11%
20%	25%
30%	42.86%
40%	66.67%
50%	100%
60%	150%
70%	233.33%
80%	400%
90%	900%

'존버' 전 꼭 기억해두자

'존버'를 할 때 우리는 주가가 빠진 만큼만 다시 올라오면 원금을 회복할 수 있다고 생각합니다. 하지만 잘 생각해 보면, 주가가 반토막이 난후에 원상 복구하기 위해선 주가가 두 배 올라야 합니다. 간단한 이치인데 의외로 이 부분을 놓치고 막연하게 '존버'하기 십상입니다. '존버'는 생각보다 더 큰 고통과 인내가 필요합니다. 이런 측면을 고려하면 주식투자에서 '존버'만이 꼭 답은 아니라는 말씀을 드리고 싶습니다.

종목과 싸우지 말고
시장과 싸우자

끝으로 **종목과 싸우지 말고 시장과 싸우자**는 말씀을 드리고 싶습니다. 주변에서 이런 이야기를 자주 듣습니다.

"너무 많이 빠져서 팔 수가 없다." 혹은 "본전만 찾으면 팔고 싶다."

이런 분들은 시장이 아닌 종목과 싸우는 분들입니다. 손실이 너무 커서 팔 수 없다고 해도 다른 대체재가 있다면 얼른 갈아타야 합니다. 우리나라 주식시장에 상장된 주식 수는 코스피에 800개, 코스닥에 1,400개로 약 2,200개입니다. 코넥스 150개까지 더하면 2,350개 정도가 됩니다. 살 종목이 2,000개가 넘습니다. 지금 들고 있는 주식이 올라서 손실을 만회하길 기다리기보다는, 현재의 손실을 만회할 다른 종목을 얼른 찾아야 한다는 것이죠. 현재 손실 난 종목을 팔 수 없는 이유는 손실을 확정 짓고 싶지 않은 심리 때문입니다. 손실을 확정 짓는

내가 산 주식은 왜 안 오를까?

행위가 나의 패배, 나의 잘못된 판단을 인정하는 것이라고 생각할 수도 있죠. 이 심리를 과감하게 버려야 합니다.

본인이 투자하는 회사의 경영이 답답한 적 있을 겁니다. 어떤 분들은 회사 IR담당자에 전화해서 따지기도 하고 회사 앞에 모여서 시위나 항의를 하기도 합니다. 왜 이렇게 하는 걸까요? 단기적으로는 손실을 보고 화가 났기 때문일 것입니다. 장기적으로 보면 현재 손실을 봤으니 회사가 잘(?)해서 주가가 다시 올라 빨리 손실이 회복된 후에 매도해서 행복하게 수익을 실현하고 싶다는 거겠죠? 아마 손절이 쉬웠다면 여기까지 오게 되는 일도 적었을 것입니다.

물론 더 거창하게는 행동주의 투자자들도 있습니다. 자사주 매입, 배당 확대 등 회사의 주가가 상승할 만한 압박을 가하는 것이죠. 하지만 개인들이 이런 행동주의 투자자들처럼 하긴 어렵습니다. 행동주의 투자자들은 공통점이 있습니다. 이들은 투자금이 커서, 이들이 매도를 하면 주가를 너무 많이 끌어내립니다. 그래서 쉽게 다른 종목으로 갈아탈 수 없죠. 그리고 보유 지분이 많기 때문에 행동을 통해 회사 경영에 압박을 줄 수 있습니다. 어찌 됐건 주식투자를 할 때 종목과 사랑에 빠지지 말고 수익을 낼 수 있는 종목을 찾아 유연하게 대처하는 투자자가 되면 좋겠습니다.

chapter 4

그 외 주식시장의
이모저모

애널리스트가 직접 말하는
리포트 읽는 법

증권사 애널리스트, 뭐 하는 사람들인가?

먼저 필자가 말씀드리는 애널리스트란 증권사의 리서치 센터에서 근무하며 기업 분석 혹은 투자 전략 보고서를 작성하는 직업군을 지칭합니다. 그중에서 필자는 **기업 분석 애널리스트**(Equity Analyst)들에 대해 주로 다루고자 합니다. 증권방송 등에 출연하거나 자산운용사에서 리서치를 하는 애널리스트들을 칭하는 것이 아니라는 점을 미리 밝힙니다. (물론 그분들이 애널리스트가 아니라는 말씀은 아닙니다.)

애널리스트의 전통적인 업무는 기관투자자들, 즉 펀드를 운용하는 펀드매니저들의 투자 활동에 도움을 주는 것입니다. 요즘에는 그 대상이 개인투자자로 확대되고 있는 추세죠. 기업 분석 혹은 투자 전략 보고서를 작성하여 직접 운용사로 자료를 들고 찾아가 자료에 대한 설명을 해주기도 하고 특정 이슈가 발생했을 때는 펀드매니저들에게 전화를 걸어 현재 상황을 설명하고 자신의 생각을 전달합니다. 혹은 그들과 함께 기업 탐방을 가기도 합니다.

일반 투자자가 A은행에서 B운용사가 운용하는 C펀드에 가입을 하면 B운용사에 돈이 들어옵니다. 그럼 B운용사는 고객의 자산을 증식시키기 위해 주식을 운용합니다. 그럼 B운용사의 펀드매니저는 수십 개, 수백 개의 종목을 보게 될 것입니다. 정보는 넘쳐나는데 혼자서 살펴볼 수 있는 정보의 양은 제한적입니다. 이럴 경우 펀드매니저는 애널리스트의 도움을 받습니다. 도움을 받은 자산운용사 혹은 펀드매니저는 그 대가로 증권사에 매수 혹은 매도 주문을 내고 이로 인해 증권사는 매매 수수료를 버는 것이죠.

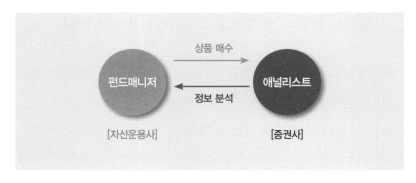

애널리스트의 역할

내가 산 주식은 왜 안 오를까?

애널리스트에게 요구되는 능력은 의외로 다양합니다. 먼저 기업 분석 보고서를 작성하는 것이 주요 업무니까 기업을 분석할 수 있어야 합니다. 기업을 분석하기 위해 재무적인 지식은 물론이고, 시장을 바라보고 예측할 수 있는 인사이트, 기업가치를 측정하는 밸류에이션 능력 등이 필요합니다. 그리고 보고서를 써야 하니까 글도 잘 써야 합니다. 실적 추정과 밸류에이션을 하기 위해 엑셀로 '모델링'을 하니 엑셀도 어느 정도는 다룰 줄 알아야 합니다. 그리고 보고서를 쓰고 난 후에는 투자자들에게 전화로 내용을 브리핑하거나 직접 만나 프레젠테이션을 합니다. 임팩트 있게 내용을 전해야 하는 만큼 스피치 능력이나 홍보 능력도 필요하죠. 또한 기관투자자나 커버(담당) 기업들의 IR담당자들과도 좋은 관계를 유지하면 좋으니 영업력이나 서비스 마인드를 가지고 일하는 것도 매우 중요합니다.

증권사 애널리스트의 보고서 – 어떻게 읽어야 하나

기관투자자 대상이었던 기업 분석 보고서가 요즘에는 지점, 개인들에게도 전달되어 이제 기업 분석 보고서는 누구나 쉽게 구할 수 있는 자료가 되었습니다. 애널리스트의 기업 분석 보고서에 대해 일반적인 투자자들이 가진 생각은 다양합니다. 이 보고서를 통해 일반인은 쉽게 접하기 힘든 기업의 현황을 알 수 있다고 긍정적으로 보기도 하지만,

기업이 좋든 나쁘든 언제나 매수 추천 일색이라든지 목표 주가가 잘 맞지 않는다는 등 부정적인 의견도 많습니다. 그래서 필자는 애널리스트들의 기업 분석 보고서에 대해 잘 알려지지 않은 이야기를 해드리려 합니다.

1) 왜 애널리스트들은 항상 매수 추천만 하는가?

국내 증권사의 애널리스트들이 발간하는 보고서에서 90% 이상은 **매수 의견**입니다. 혹자는 애널리스트들이 언제나 매수만 추천하니까 신뢰가 가지 않는다고 말합니다. 그럼 애널리스트들은 왜 매수 의견만 낼까요? 많이 알려진 사실이지만 국내 시장에서 매도 리포트를 내기가 힘들기 때문입니다. 앞에서 말씀드린 애널리스트 리포트에서 어닝 쇼크(예상보다 저조한 실적)를 외쳤음에도 매수 의견을 유지하는 것도 매도 의견을 내기 어려운 환경 때문이죠.

그렇다면 왜 매도 의견은 내기 어려울까요? 애널리스트와 기업과의 관계도 있지만 가장 힘든 부분은 투자자들의 비난입니다. 매수 의견만 낸다고 욕하던 투자자들도 막상 자신이 보유한 종목에 매도 의견이 나올 땐 불쾌할 겁니다. 매도 보고서가 나온 이후 주가가 급락한다면 이 불쾌는 분노로 바뀝니다. 인터넷 종목 게시판에 이 보고서가 올라가면 매도 의견을 낸 애널리스트 욕이 난무하며 가끔은 전화번호, 얼굴 등 신상이 노출되기도 합니다. 애널리스트 입장에서는 매수 의견을 내도 욕먹고 매도 의견을 내도 욕을 먹으니 "대체 어쩌라고?"하는 생각이 들 수 있죠. 애널리스트도 억울합니다.

한편, 외국계 증권사들은 매도 리포트를 심심찮게 발간하는 것으로 유명합니다. 외국계 증권사 보고서에 대한 피드백 역시 다양한데요, "소신 있게 매도 의견을 내니 신뢰가 간다."라는 의견부터 "공매도 세력과의 결탁으로 매도 리포트를 내는 것 아니냐."라는 부정적인 인식도 있습니다. 그렇다면 외국계 애널리스트들은 왜 매도 보고서를 많이 내는 걸까요? 토론이 발달한 서양에서 자신과 다른 의견을 존중하고 이에 대한 반감도 덜한 문화가 잘 형성된 덕도 있지만, 가장 큰 이유는 주가가 하락해도 돈을 버는 고객의 비중이 크기 때문입니다.

이를 가능하게 한 것이 바로 공매도죠. 해외 시장은 주가가 하락할 것으로 예상되는 경우 해당 주식을 빌려서 판 후 주가가 하락한 뒤 매수해서 갚는 공매도 투자 기법이 발달했습니다. 반면 우리나라 시장은 공매도 시장이 아직 많이 활성화되지 않아 주가가 하락할 경우 이득을 보는 사람이 그리 많지 않습니다. 그렇기 때문에 해외 시장에서는 매도 리포트가 심심치 않게 발간되는 것입니다.

참고로 많은 분들이 외국계 증권사 보고서에 대해 오해하는 점이 하나 있는데요, 국내에 진출한 외국계 증권사들의 보고서는 외국에서 외국인이 쓰는 것이 아니라 대부분 국내 지점에서 한국인 애널리스트가 작성합니다. 그래서 외국계 증권사 보고서는 국내에 지점이 없으면 개인이 접하기 힘들죠. 기관투자자도 거래 증권사로 등록되어 있지 않으면 받아보기 힘듭니다. 그럼에도 외국계 증권사에서 매도 보고서가 나오면 주가에 큰 영향을 끼칩니다. 이는 막연한 외국계 증권사에 대한 신봉 혹은 사대주의라기보다는 매도 보고서가 가진 특성 때문입니다.

매도 의견의 힘이 매수 의견보다 강한 이유는 간단합니다. 해당 종목을 보유하고 있지 않은 잠재적 매수자는 특정 종목에 대한 매수 의견 보고서가 나오면 맹목적으로 매수하기보다는 "그렇구나, 한번 봐야겠네." 혹은 "그 종목은 난 관심이 없다." 정도로 생각할 것입니다. 또 그 종목을 이미 보유한 투자자는 당장 추가 매수를 하기보다는 "다른 사람들이 사서 올랐으면 좋겠다."라고 생각할 것입니다.

그러나 매도 의견은 다릅니다. 특정 종목에 대해 매도 의견이 나오면 그 종목을 보유하지 않은 사람은 "그렇구나."하고 넘어가겠지만 그 종목을 보유한 사람은 어떤 생각을 할까요? "이 보고서의 내용에 내가 동의하든 하지 않든 지금 팔지 않으면 다른 주주들이 팔 수 있고, 그러면 주가가 빠지겠군." 이라고 생각할 것입니다. 따라서 일단 매도하고 보는 투자자들이 생기게 됩니다. 다시 한번 정리하면 매수 의견은 일반적으로 해당 종목을 보유하지 않은 투자자들에게 매수하자는 추천이지만, 매도 의견은 해당 종목의 주주들에게 매도하라고 이야기하는 셈이기 때문에 주가에 미치는 영향이 비교적 크고 즉각적입니다.

내가 산 주식은 왜 안 오를까?

2) 애널리스트 리포트를 최대한 활용하자

"애널리스트 말 들었다가 돈 번 적 없다."라고 투덜대는 투자자들이 많습니다. 혹자는 애널리스트가 일기 예보와 비슷하다고도 합니다. 틀려도 계속 찾아보니까요. 그래도 애널리스트 보고서를 최대한 활용하기를 바랍니다. 주가가 맞든 틀리든 간에 일반인은 접하기 힘든 기업의 현황이나 투자 아이디어를 전달해 주는 것은 사실이기 때문입니다. 그렇지만 매수 의견이 나왔다고 무작정 매수하기보다는 리포트를 보고 스스로 투자 여부를 판단할 수 있는 힘을 기르는 것이 중요합니다. 주식시장은 쉽게 돈을 벌 수 있는 곳이 아닙니다. 매수 보고서를 보고 주식을 산 모두가 돈을 벌 수 있다면 전부 부자가 되었을 것입니다. 물론 모두 부자가 되면 물가가 폭등하면서 일반적인 부자는 부자가 아니게 되겠지만요. 이왕 애널리스트 보고서를 읽을 정도로 투자에 진심이라면 리포트를 보는 안목을 기르면 좋겠습니다.

애널리스트 보고서를 읽을 땐 단순히 맨 앞장에 쓰여있는 투자 의견부터 보기보다는 글의 문맥을 파악할 것을 추천합니다. 애널리스트도 사람인지라 매도 의견을 내고 싶으나 그럴 수 없는 분위기에 할 수 없이 매수 의견이 담긴 보고서를 낼 때, 그 내용에서 티가 나기 마련입니다. 글의 흐름과 어조가 전반적으로 자신감이 없거나, 글의 내용이 매수를 추천한다기보다는 기업의 현황 위주를 다루거나, 목표 주가와 현 주가의 괴리율이 크지 않은 경우(15~20% 정도의 업사이드)가 억지로 매수 보고서를 낸 좋은 예입니다. 일반적으로 목표 주가가 현재 주가보다 15% 이상 높으면 투자 의견이 매수(Buy)가 되며 0~10%는 보유(Hold) 혹은 중립(Neutral)이 됩니다. 0% 이하 즉 목표 주가가 현재 주가보다 낮다면 매도(Sell)가 됩니다. 따라서 목표 주가의 상승 여력이 20% 이하라면 적극적인 매수 추천이라기보다는 투자 의견을 매수로 유지하기 위해 현 주가와의 갭을 유지하려는 의도가 있다고 추측할 수 있습니다.

이런 경우는 주가가 상승해 목표 주가에 근접했을 때도 자주 발생합니다. 기업의 펀더멘털에 변화가 없는 상황에서 주가가 목표 주가에 근접하여 상승 여력이 0~10%로 제한적일 경우 이론적으로 투자 의견을 매수에서 매도 혹은 중립으로 하향해야 합니다. 그러나 어느 날 애널리스트가 잘 나가고 있는 종목에 대해 매도 의견을 냈고 그 종목이 그때부터 하락한다고 생각해보죠. 그 애널리스트가 어떤 비난을 어떻게 받을지는 굳이 설명하지 않겠습니다. 따라서 애널리스트는 이러한 경우 매수 투자 의견을 유지할 수 있도록 목표 주가를 상향하여 15~20%의 괴리율을 다시 설정하는 것입니다.

필자의 경험으로는 일반적으로 애널리스트가 목표 주가를 단기간에 2~3회 상향하면 그 종목은 단기적으로 주가가 꺾입니다. 이는 단순한 징크스가 아닙니다. 영원히 주가가 오를 수는 없기 때문이죠. 애널리스트가 20% 이상의 상승 여력을 2~3회 제공했다는 것은 그 종목의 주가가 현재 단기적으로 40~60% 이상 올랐다는 의미입니다. 주가가 조정을 받는 것이 이상하지 않습니다. 따라서 애널리스트가 목표 주가를 올릴 때는 정말 좋아서 올리는 것인지, 억지로 올리는 것은 아닌지 잘 봐야 합니다.

일반적으로 미래의 실적 추정치보다 밸류에이션 배수를 올린다거나 목표 주가를 올리면서 올해 실적이 아닌 내년 혹은 내후년 실적을 적용한다면 영혼까지 끌어 모아 목표 주가를 올린 경우입니다. 예상 실적과 밸류에이션 배수를 함께 상향한다면 꼭지가 올 가능성은 더욱 높아집니다. 이 역시 애널리스트가 매수 의견을 유지하기 위해 발생한 상황일 때도 있지만, 애널리스트 자신도 분석하는 과정에서 해당 종목이 더 오를 것이라고 판단한 결과이기도 합니다. 앞서 언급한 대로 심리적으로 편향되기 쉽기 때문입니다. 주가가 500에서 900을 가면 "이러다 1,000가는 거 아냐?"라고 생각하기 마련입니다. 이는 신문 기사 타이틀에서도 자주 나옵니다. "유가 100불 가나.", "코스피 3,000 가나." 등이 좋은 예입니다. 가는 놈이 더 간다고 생각하는 것은 당연한 인간의 심리입니다.

3) 애널리스트에 대한 오해

애널리스트에 대한 오해는 다양하지만 그중 가장 심각한 것은 공매도 세력과의 결탁입니다. 실제로 있을 수도 있겠습니다만, 필자의 경험상 만연하진 않습니다. 추정하건대 공매도 세력과 결탁이라 함은 특정 기업에 대해 부정적인 보고서를 내고 공매도 세력이 이를 이용하여 수익을 내면 애널리스트와 나누어 먹는 것이겠죠? 이렇게 해서 욕먹고 힘들게 돈 벌 바에는 '매수' 세력과 결탁하여 돈 버는 게 더 쉽겠습니다. 매수 의견을 계속 낸다고 주가가 정말 오르면 수익이 늘어날 테니 다들 좋아하겠죠?

개인들이 많이 하는 오해
주식 선수가 되기 위해 피해야 할 오해

1) 자기들이 추천하고 자기들이 파네?

필자도 보고서를 내 본 사람으로서 개인투자자들의 반응이 궁금해 가끔씩 종목 게시판에 들어가 보곤 했습니다. 주가가 오를 때 혹시 필자에 대한 칭찬은 없는지 기대를 갖고는 했죠. 오를 때 칭찬은 잘 없는데, 빠질 때 필자를 욕하는 글은 자주 볼 수 있었습니다. 간혹 나오는 비판 중 "오늘 한국투자증권이 매수 추천했던데 매도 창구 1위가 한국투자증권이다. 자기들이 추천하고 자기들이 파는 양아치다."라고 하는 글을 자주 접했습니다.

하지만 이는 오해입니다. HTS에 뜨는 매도 창구는 투자자들이 매도하는 창구일 뿐 그 회사가 매도하는 것이 아닙니다. 여러분이 한국

투자증권 주식 계좌로 매수하면 한국투자증권으로 매수가 표시되는 겁니다. 한국투자증권이 그 주식을 사는 것이 아닙니다. 물론 한국투자증권이 그 주식을 사는 경우도 있습니다만 그렇지 않은 경우가 더 많습니다. 또한 내부 규정상 한국투자증권에서 리포트가 나가면 한국투자증권은 하루 동안 그 종목을 매매할 수 없습니다. 따라서 회사 내부적으로 짜고 치는 고스톱이라는 평가는 오해입니다.

2) 무상증자, 액면분할은
기업의 본질적 가치에 아무런 영향을 주지 않는다

무상증자, 액면분할은 일반적으로 시장에서 호재로 받아들입니다. 주식 수가 늘어나면서 거래량이 적었던 회사들의 거래량이 늘어나고 단가도 낮아지면서 주가가 싸(?) 보이는 효과가 있습니다. 하지만 실제로 이는 기업의 본질적 가치에는 아무런 영향을 주지 않습니다. 왜냐하면 주식 수가 늘어난 만큼 주가도 내려가기 때문입니다. 1,000원짜리 한 장을 500원짜리 동전 두 개로 거슬러줄 때 돈이 한 개에서 두 개로 늘어났다고 돈이 더 많아지는 것은 아닌 것과 같죠. 1,000원이 500원이 되면 싸 보이는 것이지 정말 싼 게 아닙니다. 500원이 두 개니까요.

그래서 무상증자나 액면분할 등이 발표되고 주가가 단기적으로 급등하면 차익 매물이 쏟아집니다. 단, 예외의 경우도 있습니다. 레고켐바이오는 무상증자 이후 본격적으로 주가가 상승했습니다. 레고켐바이오는 그간 뛰어난 기술력과 다수의 기술 수출로 시장에서 인정받은 회사였지만 주가는 오랫동안 횡보했습니다. 거래량이 적어 기관투자자들도 사기가 어려운 종목이었습니다. 그러나 이 회사는 2020년 6월 무상증자를 결정했고 이로 인해 거래가 자유로워지면서 막혔던 혈(?)이 뚫리듯이 주가는 한 단계 레벨업한 모습을 보여줬습니다. 통상적으로 거래가 잘 안 되는 종목들은 펀더멘털 대비 저평가되는 경향이 있고, 무상증자로 디스카운트(주가 할인) 요인을 극복한 경우가 있습니다.

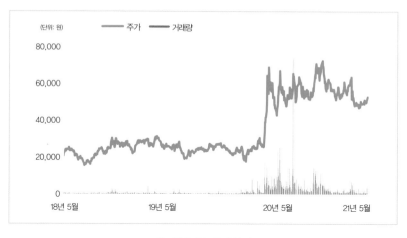

레고켐바이오 주가 추이

(출처: 저자 직접 작성)

3) 주당 15만 원짜리 회사는 주당 3만 원짜리 회사보다 큰 회사다?

필자가 종목을 추천할 때 지금 한 주당 얼마냐고 묻는 분들이 있었습니다. 그럴 때 "네, 지금 15만 원입니다."라고 말씀드리면 "비싸네, 몇 주 못 사겠네?"라고 하시면서 "그래도 주식이라는 게 몇만 주는 들고 있어야 하는 맛이 나지."라는 답이 돌아온 적이 있습니다. "네, 지금 3만 원입니다."라고 말씀드리면 "싸네, 한번 사 봐야겠다."라고 하시는 분들도 계셨습니다. 심지어 코스닥 상장사 대표님들이 한 주당 얼마인지로 보이지 않는 자존심 대결을 한다는 말도 들었습니다.

하지만 아시다시피 주식이 싸고 비싼 것을 판단하기 위해서는 한 주당 얼마인지보다는 시가총액이 얼마인지를 봐야 합니다. 한 주당 단가는 아무런 의미가 없습니다. 주식을 적게 발행하면 한 주당 가격이 높아지고 많이 발행하면 가격이 낮아질 뿐이기 때문입니다. 다시 말하지만 시가총액이 중요합니다. 그 후에는 회사의 성장성을 두고 고평가, 저평가를 판단해 봐야겠습니다.

4) 장기투자는 무조건 좋다?

장기투자만이 올바른 투자라는 이야기가 언론매체를 통해 빈번하게 나옵니다. 한번 사서 오래 보유하면 무조건 수익이 날 것처럼 말입

내가 산 주식은 왜 안 오를까?

니다. 그리고 단기로 샀다 팔았다 하는 트레이딩을 하면 큰 돈을 벌 수 없다고 말합니다. 어느 정도는 맞는 말입니다. 지속적으로 **성장하는 기업**을 장기로 보유하면 큰 이변이 없는 한 수익이 날 것입니다. 그리고 우리가 주가의 움직임을 구간마다 예측할 수 없으니 단기로 사고 팔기를 반복하다가 큰 수익을 놓칠 수도 있습니다.

하지만 장기투자를 하더라도 제대로 된 회사에 투자해야 수익이 납니다. 경쟁력 없는 회사, 시대의 변화를 따라가지 못하는 회사를 장기로 보유했다간 큰 손실이 나고, 아무리 버텨도 수익을 낼 수 없습니다. 그러다 상장폐지라도 된다면 계좌는 깡통이 될 것입니다. 특정 종목으로 장기투자를 하려면 먼 미래까지 창창해 보이는 회사, 시대의 변화에 빠르게 적응할 수 있는 회사에 투자하십시오. 그리고 면밀히 회사를 관찰하고 내가 바라본 이 회사의 큰 그림이 여전히 유효한지 냉정하게 고민하면서 장기적으로 투자해야 합니다.

우리나라처럼 저성장에 진입한 국가에서는 무조건적인 장기투자가 수익을 보장해주지 않습니다. 언론에서 일부 전문가가 이야기하는 무조건적인 장기투자를 하시려면 동남아시아 같은 이머징(Emerging) 국가의 주식을 사는 편이 효과적일 수 있습니다.

실전 사례
필자의 과거 추천주 리뷰

애널리스트의 주요 업무 중 하나는 투자자들에게 유망 종목을 추천하는 일입니다. 추천주의 주가가 잘 올라서 성공적인 추천이 될 때도 있습니다만, 주가가 오히려 하락하는 경우도 비일비재합니다. 이럴 경우 투자자들의 비난도 비난이지만 장기적으로 애널리스트로서의 영향력이나 신뢰도가 하락하기 때문에 달가운 일은 아닙니다.

지난 13년간의 애널리스트 생활을 되돌아보며, 그동안 추천했던 실제 종목들이 어떠했는지 사례를 공유하고자 합니다. 어떠한 배경에서 매수 추천을 했고, 그 후 주가는 어떤 흐름을 보였는지 등을 스토리 형식으로 말씀드리겠습니다. 이러한 케이스 스터디를 통해 여러분들은 직간접적으로 투자 경험을 쌓을 수 있고 주가 움직임의 메커니즘을 파악하는데도 어느 정도 도움을 받을 것입니다.

내가 산 주식은 왜 안 오를까?

1) 삼성바이오로직스(207940)

> − 주가는 미래 가치를 선반영한다
> − 모두가 의심할 때가 바닥이다
> − 적자 기업이 돈을 벌기 시작하면 주가의 상승 탄력이 둔화된다

말도 많고 탈도 많았던 삼성바이오로직스입니다. 2016년 11월에 상장했습니다. 잘 아시겠지만 상장 초기부터 논란이 많은 회사였습니다. 장기간 영업적자를 내왔으나 거래소에서는 이례적으로 기업공개를 허가했습니다. 그럼에도 '삼성'이라는 타이틀을 기반으로 수요 예측에서는 비교적 흥행을 거두었습니다. 일반 투자자 대상으로 공모주 청약을 받은 결과, 최종 경쟁률은 45.3대 1이었고 공모가는 희망 공모가의 상단인 13만6,000원을 기록한 것입니다.

그러나 다른 삼성 계열사들의 IPO와 비교하면 큰 관심을 거두지는 못한 편입니다. 2014년 11월 상장한 삼성SDS의 일반 청약 경쟁률은 134.0대 1, 같은 해 12월 상장한 제일모직은 194.9대 1이었습니다. 국내 공모금액 역대 최대(4조8,881억 원)였던 삼성생명은 40.6대 1이었죠. 그해 유가증권시장 상장을 완료한 열 곳의 평균 경쟁률이 145.0대 1이었다는 점을 감안하면 '삼성이 하는 바이오 회사'라는 타이틀이 무색했던 결과였습니다.

당시 필자는 외국계 증권사에서 근무하고 있었습니다. 기억에 따르면 삼성바이오로직스는 국내보다는 해외 투자자들에게 더욱 인기가

높았습니다. 당시만 해도 우리나라에서 적자인 회사가 IPO를 하는 경우는 드물었기 때문에 아무래도 투자자들은 어색할 수밖에 없었고 오히려 IPO가 가능하게 된 배경을 의심하는 눈초리도 있었습니다. 그러나 미국 등에서는 테슬라 등 적자 기업들의 IPO가 흔했기 때문에 외국인 투자자들은 삼성바이오로직스를 큰 부담 없이 받아들일 수 있었던 것으로 보입니다.

또한 업황이나 사업 모델을 바라보는 시각에서도 국내 투자자와 해외 투자자 간의 차이가 있었습니다. 일단 국내에서는 CMO(의약품 위탁 생산) 사업에 대한 선입견이 있었는데, 바로 '위탁'이라는 단어 때문이었죠. 위탁이라는 단어는 자체적인 기술을 보유하고 있지 않은, 흔히 말하는 'OEM[30]'의 느낌을 풍겼던 것입니다. 또한 당시만 해도 우리나라에서 반도체가 아닌 의약품 위탁 생산에 주력하는 회사를 찾아보기 힘들었습니다. 국내에서 월드 클래스의 의약품 위탁 생산 기술을 가진 회사가 전무했기 때문에 투자자들도 CMO 사업에 대한 이해도가 부족했습니다. 따라서 삼성바이오로직스의 경쟁력에 대해서도 의심을 할 수밖에 없었습니다. 삼성바이오로직스는 기업공개를 통해 모은 자금으로 3공장을 증설하겠다고 천명했지만 3공장을 정말 건설해도 해외 고객으로부터 과연 수주를 받을 수 있을지는 의문이었던 것이죠.

....

30   OEM(Original Equipment Manufacturing, 주문자 상표 부착 생산).
     주문자가 요구하는 제품과 상표명으로 완제품을 생산하는 것.

그런데 당시 해외 투자자들과 커뮤니케이션했을 때, 일부 투자자들로부터 국내와는 조금 다른 의견을 듣기도 했습니다. 먼저 그들은 삼성이 가진 세계 최고 수준의 반도체와 디스플레이 생산 기술에 주목했습니다. 반도체와 디스플레이는 초미세공정이 필요한 사업이며 설비도 극도로 청결해야 합니다. 양질의 반도체와 디스플레이 양산 설비를 갖추었다면, 이를 의약품 위탁 생산 공장에 적용하는 것은 매우 쉬운 일이라는 것이었습니다. 한마디로 반도체 공장이 의약품 CMO공장보다 난이도가 높기 때문에 반도체에서 잘했다면 당연히 의약품 CMO도 잘할 수 있다는 것이었습니다.

그리고 그들은 이미 스위스의 글로벌 CMO기업 론자(Lonza)에 투자하고 있었기 때문에 해당 사업에 대한 이해도 역시 높았습니다. 결국 그들은 의약품 CMO는 충분히 돈이 될 수 있는 사업이며, 삼성바이오로직스는 해당 사업에서 뛰어난 퍼포먼스를 보일 수 있는 잠재력을 갖추었다고 판단해 IPO 참여에 관심이 많았던 것으로 생각합니다. 또한 여태까지 돈을 번 적이 없어도 미래에 창출될 현금흐름을 현재 가치로 당겨오는 기업가치 산정 방식을 통해 큰 거부감 없이 투자를 결정할 수 있었습니다.

필자는 해외 고객들을 상대로 영업하는 외국계 증권사에서 근무하고 있었기에 국내보다는 해외 투자자들의 수요가 더욱 중요했습니다. 따라서 국내보다 해외에 어필할 수 있을 삼성바이오로직스를 상장한 지 두 달 뒤인 2017년 1월, 우리나라 애널리스트 중 두 번째로 분석하기 시작했습니다. 당시 주가는 15만 원이었고 필자의 목표 주가는 호기롭게도(?) 20만 원이었습니다.

당시 필자의 논리는, 지금은 비록 영업적자를 내고 있지만 1공장과 2공장 가동률이 상승하고 있어 2017년부터는 흑자 전환을 할 것이며, 장기적으로 3공장이 완공된 후 가동에 들어가면 매출 확대에 따른 고정비 커버로 스위스 론자처럼 20% 이상의 영업이익률을 달성할 수 있다는 것이었습니다. 이익이 나기 시작하는 2017년부터 1, 2, 3공장이 모두 가동할 것으로 예상되는 2022년까지 회사의 예상 **잉여 현금흐름** [31](Free cash flow)을 합산하여 현가로 환산하는 DCF(현금흐름할인법) 방식으로 본업 가치를 산출하고, 여기에 자회사 삼성바이오에피스의 기업가치도 비슷한 방식으로 구해 더한 뒤 삼성바이오로직스의 목표 주가를 제시했습니다.

필자는 DCF 산출 과정에서 영구 성장률을 4.5%로 적용했습니다. 영구 성장률은 기업의 이익 증가가 피크(Peak, 최고치)에 도달한 후의 성장률을 의미합니다. 따라서 5% 수준의 영구 성장률은 파격적인 수치로 볼 수 있습니다. 일반적으로 물가상승률이나 GDP증가율 등을 인용하여 1%, 높아야 2% 정도만 적용하기 때문이죠. 하지만 2022년에 3공장까지 풀로 가동할 경우 필자는 과연 삼성바이오로직스가 4공

....

31 기업의 영업활동현금흐름에서 각종 비용과 세금, 설비투자 등의 금액을 뺀 것으로, 기업에 현금이 얼마나 순유입되었는지 나타내는 지표.

내가 산 주식은 왜 안 오를까?

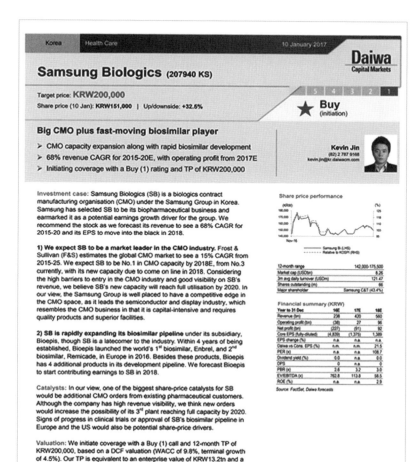

(출처: 저자 제공)

장을 짓지 않고 거기서 성장을 멈추겠느냐는 의문을 가지게 되었습니다. 따라서 공장을 풀로 가동하게 될 경우 증설하겠지만, 우리가 그 생산 능력을 알 수 없으니 영구 성장률에 평균보다는 다소 높은 수치를 대입하여 추가 증설에 대한 기대감을 반영하겠다는 논리로 5% 수준을 적용한 것입니다. 5년이 지난 지금까지 삼성바이오로직스를 커버하는 다른 애널리스트에게도 '영구성장률 5% 적용'은 국룰(?)입니다. 아무런 저항감 없이 현재까지도 쓰이고 있습니다.

실제로 삼성바이오로직스는 2017년부터 분기 영업흑자를 달성하기 시작합니다. 2015년 600억 원이 넘었던 연간 영업적자는 2016년 300억 원으로 대폭 축소되었고 2017년 1분기 34억 원의 영업흑자로 돌아섰습니다. 2분기는 다시 85억 원의 영업적자를 기록했으나 3분기에는 영업이익 205억 원, 4분기에는 영업이익 506억 원을 달성, 2017년 660억 원의 연간 영업이익을 달성합니다. 2017년 4분기의 영업이익률은 무려 30%였습니다. CMO사업도 이런 높은 수익성을 달성할 수 있다는 메시지를 시장에 던진 셈입니다. 그 결과 삼성바이오로직스의 주가는 2018년 4월 60만 원 수준까지 오르면서, 공모가 대비 4배 이상 상승한 모습을 보여주었습니다. 역시 주가는 미래의 가치를 먼저 반영한다는 것을 여실히 보여주는 사례입니다. 2018년 5월 분식회계 이슈가 있기 전까지 주가는 영업이익의 증가세를 미리 반영하며 꾸준한 상승세를 보였기 때문입니다.

내가 산 주식은 왜 안 오를까?

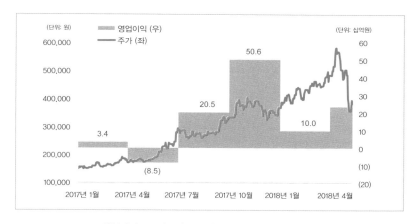

삼성바이오로직스의 2017년까지 분기 영업이익 추이

(출처: 저자 직접 작성)

상장 초기부터 있었던 논란도 점차 수그러드는 분위기가 되었습니다. 여전히 삼성바이오로직스를 싫어하는 분들은 계속 싫어했지만요. 삼성그룹 자체가 워낙 대단한 회사지만, 그만큼 미워하는 사람도 많습니다. 재미있는 것은 삼성바이오로직스를 비난하는 내용이 조금씩 바뀌었다는 것입니다. 상장 초기에는 매출도 없는 적자 기업을 IPO시켜 줬다는 비난이 대부분이었습니다. 매출이 발생하기 시작하면서부터는 적자 기업이라는 비판이 많았죠. 그 후 적자에서 흑자로 돌아선 뒤에는 이익 대비 시가총액이 너무 높다는 이야기가 많았습니다. 분식회계 스캔들 이후에는 분식회계 회사라는 비난도 당연히 많았습니다. 아마 미래에는 "이익이 잘나면 뭐하냐, 성장성이 떨어진다."라고 욕할지도 모르겠습니다.

머니투데이 2면 TOP 2018.05.01. 네이버뉴스
금감원, 삼성바이로직스 회계 부적격 판단
이에 앞서 금융당국은 지난해 **삼성바이오로직스 분식회계** 논란에 대해 특별감리에 착수했다. 삼성바이오로직스는 2011년 4년 연속 적자를 내다 2015년 회계연도에 1조9000억원대 흑자로 돌아섰다. 지분 91.2%를 보유...

헤럴드경제 2018.05.01. 네이버뉴스
금감원, 삼성바이로직스 회계 부적격 판단
앞서 금융당국은 지난해 3월 **삼성바이오로직스 분식회계** 논란에 대해 특별감리에 착수했다. 삼성바이오로직스는 2011년 4년 연속 적자를 내다 2015년 회계연도에...

한국일보 22면 TOP 2018.05.01. 네이버뉴스
4년 적자서 초우량 기업으로... 삼성바이오 '분식회계의 마법'
삼성바이오로직스는 2016년 11월 상장 전 시장에서 **분식회계** 논란이 일었는데, 금감원 특별감리 1년 만에 실제 **분식회계**를 저지른 사실이 드러난 것이다. 금감원 ...

조선비즈 2018.05.01. 네이버뉴스
금감원 "삼성바이오로직스 회계처리는 위반" 잠정 결론
금융당국은 지난해 **삼성바이오로직스 분식회계** 논란이 일자 그 해 3월 특별감리에 착수했다. 삼성바이오로직스는 2011년 4년 연속 적자를 기록했으나 2015년 회계연도에 1조9000억원대 흑자로 돌아섰다....

뉴시스 2018.05.01. 네이버뉴스
금감원, 삼성바이오로직스 분식회계 논란에..."회계 위반" 결론
= **삼성바이오로직스 분식회계** 논란과 관련해 특별감리를 벌인 금융감독원이 '회계 위반'이라는 결론을 내린 것으로 파악됐다. 금감원은 지난해 4월 착수했던 삼성...

(출처: 네이버뉴스)

　　그러다 2018년 5월 1일 여러분들이 모두 잘 아는 바로 그 분식회계 이슈가 터집니다. 금융감독원이 삼성바이오로직스의 회계가 부적격하다고 판단했다는 뉴스가 나온 것입니다. 이날은 노동절 휴일이라 집에서 뉴스를 접했는데, 지금도 그때 당시가 기억에 남습니다. 상장을 허가해주고 얼마 지나지 않아 이런 일이 발생하니 정말 황당한 일이 아닐 수 없었습니다.

　　　　　　　　　　　내가 산 주식은 왜 안 오를까?

휴일이었지만 워낙 큰 사안이라 애널리스트로서 긴장할 수밖에 없는 이벤트였습니다. 투자자들의 전화 문의도 빗발쳤습니다. 급하게 삼성바이오로직스와 통화도 시도해보고 여러 가지를 알아보고 정보를 취합하여, 그날 오후 7시경 급하게 아래와 같은 코멘트를 작성하여 투자자들에게 배포하였습니다.

[한투증권/진홍국] 삼성바이오로직스 회계 기준 위반 관련 코멘트

무슨 일이 일어난 건가?

- 2018년 5월 1일 금감원은 삼성바이오를 상대로 진행한 특별감리를 마무리했습니다.
- 1년간 특별감리 끝에 회계 기준을 위반한 것으로 잠정 결론냈습니다.
- 금융당국은 회사에 소명 기회를 준 후 이르면 오는 10일 열리는 감리위원회에 안건을 상정하고 증권선물위원회에서 최종적으로 분식회계 여부를 결정할 방침입니다. 분식회계로 최종 결론이 난다면 상장폐지 사유가 발생해 상장적격성 실질 심사 대상이 됩니다.

앞으로 삼바는 어떻게 되는 건가?

- 가장 궁금한 부분은 역시 상장폐지가 되겠느냐? 일 것입니다. 상장폐지가 되지 않으면 삼성바이오의 펀더멘털에 미칠 수 있는 영향은 2015년 재무제표를 적자로 수정하는 정도가 될 것이기 때문입니다.
- 거래소는 기업의 계속성, 경영의 투명성, 기타 공익과 투자자 보호 등을 종합적으로 고려해 상장폐지 여부를 결정합니다. 분식회계라는 단어가 굉장히 자극적인데, 사회에 미치는 파장을 고려했을 때 거래소에서 쉽게 삼성바이오를 상장폐지하기는 어려워 보입니다. 거래소 상장요건을 완화하면서까지 삼성바이오를 상장시킨 게 거래소이기 때문이기도 합니다.
- 한국항공우주, 대우조선해양 등 과거 분식회계에 연루되었던 업체들도 상장폐지되지 않았다는 점도 참고해볼 수 있습니다.(삼성바이오와 이들 업체들간의 사안의 경중을 비교하는 것은 각자 판단에 맡기겠습니다.)
- 상장폐지 실질심사에서 보는 주요요건은 아래링크 참고부탁드립니다.

http://listing.krx.co.kr/contents/LST/04/04020500/LST04020500.jsp

그럼 무엇이 문제였던 것인가?

- 바이오에피스를 연결대상이 아닌 자회사로 편입하면서 바이오에피스를 장부가액(book value)이 아닌 공정시장가액(fair value)으로 잡게 되었고 이에 따라 삼성바이오가 2015년에 약 1.9조 원의 순이익이 발생했다는 점입니다. 이로 인해 2015년 일시적으로 삼성바이오가 흑자전환하면서 거래소에 상장될 수 있었다고 시민단체가 이야기하는 부분입니다.
- 이 같은 회계 처리에 대해 감사인인 삼정 및 안진회계법인에서는 감사의견 '적정' 의견을 낸 바 있습니다. 한국공인회계사회도 삼성바이오로직스가 상장하기 전 감리를 벌였지만 문제를 발견하지 못했습니다.
- 그러나 거래소에서는 당시에 성장 유망 기업 요건을 도입해 적자기업도 미래성장성이 있으면 상장할 수 있게 심의 규정을 바꿨기 때문에 2015년에 적자가 났어도 상장에는 문제가 없었을 것이란 판단입니다. 또한 상장 당시에 2015년 순이익을 가지고 valuation을 하지는 않았기 때문에 실질적으로 2015년 1회성 순이익이 회사의 가치판단에 미친 영향은 없었습니다.

좀 내용이 길었습니다만 위 코멘트의 결론은 회계 처리 위반이라 해도 기업가치에 변화를 주는 회계 처리는 아니었으며 투자자들이 가장 우려하는 상장폐지는 되지 않을 것이라는 내용입니다. 하지만 다음 날의 주가 하락은 불을 보듯 뻔했습니다. 회사는 투자자들이 가장 싫어하는 '불확실성'에 직면했기 때문입니다. 그것도 가장 치명적인 '회사의 존립 여부'에 대한 불확실성입니다.

예상대로 다음 날부터 주가는 급락하기 시작합니다. 60만 원을 육박하던 주가는 반년 만에 28만 원까지 하락했습니다. 2018년 11월 결국 삼성바이오로직스는 상장폐지 실질 심사에 들어가면서 20일간 거래 정지에 들어갔습니다. 그동안 거래소는 삼성바이오로직스가 상장 폐지되어야 하는지를 심사했고 결국 거래 재개를 허용했습니다. 거래 재개가 가능했던 가장 큰 이유는 필자가 코멘트에서 언급했던 그대로 기업의 계속성에 크게 문제가 없었기 때문입니다.

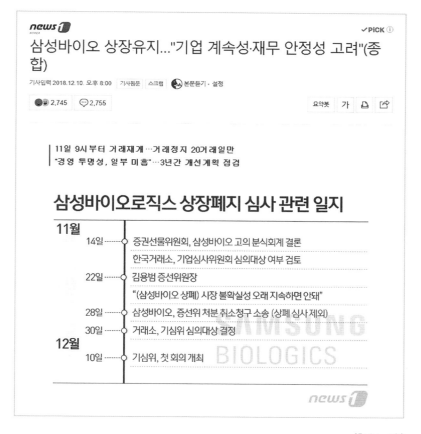

(출처: 뉴스원)

따라서 그동안 필자는 시장에 삼성바이오로직스를 사야 한다고 주장해왔습니다. 지금은 공포심을 느낄 수 있는 구간이지만 상장폐지에 대한 불확실성이 해소된다면 저가 매수의 기회가 될 것이라고 판단했기 때문입니다. 이와 관련해서 필자에 대한 재미있는 두 가지 기사가 있어 소개합니다.

위기 기업 분석 손놓는 애널리스트들

[일간투데이, 2019.06.04]

오늘 여의도 증권가에선 한 애널리스트의 리포트가 큰 반향을 일으키며 대형주 한 종목을 상승 견인했다.

주인공은 한국투자증권 진홍국 애널리스트가 작성한 '삼성바이오로직스(이하 삼바)' 매수 보고서다.

진홍국 애널리스트는 보고서를 통해 분식회계에 대한 검찰조사가 장기화되고 있는 가운데, 회사에 법적으로 불리하게 작용할 수 있는 정황들이 속속 발견되고 일부 임직원이 구속되는 등 다양한 악재가 발생했지만, 이미 "올 한 해 주가가 22% 하락하는 등 충분히 악재가 반영"됐으며, "설사 분식회계로 판결나더라도 회사의 펀더멘털에 미치는 영향은 제한적"이라고 주장했다.

내가 산 주식은 왜 안 오를까?

덧붙여 "삼바의 신규 수주가 늘고 있어, 3분기 턴어라운드 할 것"이 며, "현 주가는 상장폐지 공포가 극에 달했던 지난 11월 수준"으로 목표 가 40만 원을 유지하며 매수 추천했다. 리포트에 힘입은 탓인지 이날 삼 바는 코스피 외국계 순매수 상위 TOP5에 오르며 5% 가까이 상승을 보였다. 시가총액 20조가 넘는 초대형 종목의 반전 상황이다.

…(중략)…

한 리서치센터장은 "삼바는 워낙 시장을 대표하는 대형 종목에 사회 적, 정치적 거시환경에 따라 좌우될 수 있는 '체계적 위험'을 가진 종목 이기 때문에 섣불리 향후 방향성에 대해 이야기하는 것이 두려운 것은 당연한 일"이라며, "하지만 분위기 좋을 때 나발을 부는 일은 누구나 할 수 있는 일이기에 소신 있는 보고서"라며 추켜세웠다.

실제 이 종목을 분석하는 애널리스트는 주요 증권사별로 한 명씩 다 있다. 지난 4월 한 달 동안 이 종목을 분석한 애널리스트는 NH, 삼성, 한국, SK, 키움, 대신, KTB 등 다수였다. 하지만 5월 들어 분위기가 반 전되면서 분석은 씨가 마르다시피 했다. 이들이 분석 제시한 목표가와 근거에 투자 판단을 의지했던 투자자 입장에선 답답한 노릇이었다.

특히나 미중 무역 분쟁이 격화되면서 과거 사드 후폭풍을 세게 맞았 던 제약, 바이오 업종에 속하는 삼바 투자자들은 이중고를 겪으며 떨어지는 주가를 바라보고만 있을 수밖에 없었다.

진홍국 애널리스트가 상장폐지의 공포가 극에 달했었다고 지적한 작년 11월 경을 살펴보면, 10월 26일자로 유진투자증권이 삼바를 분석대상에서 제외시켰고, 뒤이어 11월 22일에는 미래에셋대우가 분석대상에서 삼바를 삭제했다.

작년 11월과 올해 5월 리스크 발생 시마다 급격히 분석보고서가 줄어들거나 분석을 포기하는 증권사들을 보면서…아쉽게 느껴진다.

진홍국 애널리스트의 과감한 리포트가 성공적인 메시지가 될 지, 신중함이 필요했던 선택인지는 시간이 지나봐야 한다. 하지만 매년 언론사에서 실시하는 베스트 애널리스트에 1등이 되기 위해 막대한 비용과 노력을 아끼지 않는 몇몇 증권사 리서치센터에서는 왜 투자자의 판단에 도움을 줄 수 있는 리스크를 지지 않는지 묻고 싶다.

필자로서는 굉장히 감사하고 힘이 되는 기사였습니다. 반면 같은 주제를 놓고 정반대의 뉘앙스를 담아 심기를 건드린 기사도 있었습니다.

내가 산 주식은 왜 안 오를까?

[뉴스줌인] 삼성바이오로직스 사태…
한국투자증권의 '의리' 보고서

[한국경제TV. 2018.05.04]

분식회계 논란에 휩싸인 삼성바이오로직스 사태로 바이오주들이 크게 출렁인 가운데 한국투자증권이 내놓은 보고서가 증권가에서 화제다.

최악의 경우 거래 정지와 상장폐지 가능성마저 제기되는 상황에서 다른 증권사들은 사태 추이를 지켜보며 의견 표명을 보류하거나, 기존 태도를 바꿔 중립적인 의견을 나타내는 등 몸을 사리는 것과 달리, 매수를 외치고 나온 소신 보고서라는 점에서다.

…(중략)…

이번 보고서의 전망이 맞을지는 시간이 흐르면 밝혀지겠지만, 이 보고서를 낸 한국투자증권을 바라보는 투자자들의 시선이 마냥 곱지만은 않다. 한국투자증권이 2016년 상장한 삼성바이오로직스의 상장 대표주관사라는 점에서다.

…(중략)…

상장을 주관한 이후에도 나몰라라 하지 않는, 리스크가 발생해도 리서치센터까지 합심해 끝까지 의리(?)를 지키는 자세는 기업 고객과의 신뢰를 쌓는데 긍정적인 상승효과를 일으킬 수도 있을 것이다. 하지만 분식회계 사태 이후 바이오로직스의 시가총액은 사흘 새 8조 원이나 증발했다. 사태가 쉬 진정되지 않을 것이라는 관측이 확산되면서 바닥도, 투자자 피해 규모도 가늠하기도 어려운 상황이다. 한국투자증권이 내세운 '트루프렌드(true friend): 진정한 친구'라는 슬로건의 의미를 다시 되새겨볼 시점이다.

똑같은 사안을 이렇게 다른 시선으로 바라볼 수 있다는 사실이 매우 흥미로웠습니다. 두 번째 기사에 대해선 이 말씀만 드리고 싶습니다. 필자의 주장은 상장 대표 주간사로서의 의리(?)가 전혀 아니었으며 독립적인 애널리스트로서의 의견을 제시한 것이었습니다. 보고서의 전망이 시간이 흐르면 밝혀질 것이라고 기사에서도 언급되었는데요. 시간이 흐른 지금 필자의 전망은? 네, 아주 잘 맞았습니다.

1공장과 2공장의 가동률이 100%에 도달하면서 이익이 점점 커지고 3공장 수주도 차오르면서 미래의 이익 성장에 대한 가시성도 커졌습니다. 그러면서 삼성바이오로직스의 주가도 2019년 하반기부터 바닥을 찍고 점차 회복세를 나타냅니다. 이미 2018년 사건 직전에 50만 원대의 주가를 본 적이 있는 만큼 회복도 빠릅니다. 급기야 2020년 7월에는 4공장 증설을 발표합니다. 규모도 3공장의 18만 리터보다 더

내가 산 주식은 왜 안 오를까?

큰 25만 리터입니다. 상장 초기 3공장 건립은 의구심으로 점철되었다면 4공장 증설은 수요에 대한 자신감의 표현으로 시장에 각인되며 호재로 작용합니다. 결국 2021년 6월 주가는 80만 원대에 안착하면서 삼성바이오로직스의 주가는 사상 최고가에 도달합니다. 연 매출도 1조 원을 돌파하고 영업이익률도 25%에 육박합니다. 앞으로 이 회사의 주가는 3공장 증설 때 스토리와 마찬가지로 '4공장 수주를 얼마나 채울 것이냐'에 달릴 것입니다.

하지만 회사가 본격적으로 돈을 벌기 시작하면서 주가 상승폭은 과거보다는 많이 둔화될 것이 분명합니다. 적자 회사가 꿈을 실현하고 돈을 벌기 시작하니 역시 그때부터 주가 상승이 힘들어지는 느낌입니

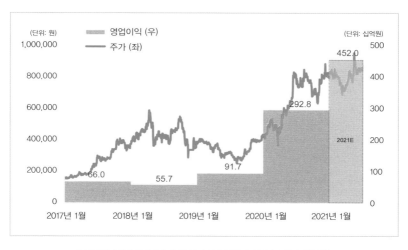

2017년부터 2021년까지 삼성바이오로직스의 주가와 영업이익

−주: 2021년 영업이익은 시장 전망치 (출처:저자 직접 작성)

다. 올해 삼성바이오로직스의 영업이익은 지난해보다 약 50% 늘어날 것으로 예상되지만 주가는 과거보다 재미없는 모습입니다.

CMO산업이 또 추가적으로 폭발적 성장을 보여 5공장, 6공장을 짓는다 하더라도 그 수요에는 한계가 있습니다. 결국 어느 시점에서는 증설을 멈출 것입니다. 모든 공장이 풀로 가동된다 가정하면 그때는 이익 증가 없이 매년 꾸준한 이익을 내는 회사, 혹은 성장이 정체인 회사가 될 것입니다. 그러면서 상장 초기 PER 150배였던 회사는 PER 15배 수준으로 수렴하게 되고 배당주로 바뀌게 될 것입니다. 걷지도 못하던 아이가 성장을 하고 성인이 되어서는 성장이 멈추는 인간의 생애와 비슷합니다. 아이가 노인이 되듯 성장주가 배당주가 되는 것이 성공 신화를 쓴 기업의 라이프 사이클입니다. 앞으로 삼성바이오로직스가 향후 CMO사업 외에 어떠한 신사업을 선택하느냐에 따라 얼마만큼의 성장판이 추가로 열릴 수 있을지가 보일 것입니다.

2) 쎌바이오텍(049960)

- 산업이 트렌드가 되면 실적과 밸류에이션이 함께 상승하며 주가가 크게 오른다
- 산업이 개화하면 자연히 경쟁도 치열해진다
- 성장주는 실적성장이 둔화되기 시작할 때 주가도 함께 꺾인다

내가 산 주식은 왜 안 오를까?

쎌바이오텍은 1995년 2월 설립되어 2002년 12월 코스닥에 상장한 프로바이오틱스 전문업체입니다. 우리에게는 프로바이오틱스 '듀오락'으로 잘 알려져 있습니다. 현대증권에서 스몰캡을 담당하던 필자는 2014년 2월 쎌바이오텍에 대해 매수 의견과 목표 주가 3만2,000원을 내놓고 분석을 개시했습니다. 당시 가격은 2만150원이었습니다.

필자가 쎌바이오텍을 접한 것은 2013년 겨울이었습니다. 당시 필자는 소비자들의 건강에 대한 관심이 높아질 것이라는 아이디어를 기반으로 다양한 건강기능식품 업체들을 탐방하고 있었습니다. 그러던 중 프로바이오틱스 혹은 유산균 기반 건강기능식품을 만들고 있던 쎌바이오텍을 만났습니다. 당시엔 프로바이오틱스에 대한 인식이 매우 부족했고 이미 요구르트를 통해 유산균을 섭취한다는 대중의 인식이 퍼진 상황이었습니다. 그렇기 때문에 건강기능식품으로 프로바이오틱스의 상품성에 대한 의문이 들었습니다. 프로바이오틱스는 유산균이고 유산균이라는 것은 '요구르트에 많이 들어있고', '꾸준히 먹으면 배변을 잘 보게 해주는 정도'인 것 같은데 그걸 굳이 건강기능식품으로 따로 먹어야 하는지가 의심스러웠습니다. 게다가 한 달 분량이 약 5만 원 정도 했으니 꽤 비싼 건강기능식품이었습니다. 회사는 투자자와 소비자들에게 "프로바이오틱스는 장내 유익균이며, 장은 단순히 배변 활동뿐 아니라 우리 몸 전체에 영향을 준다. 심지어는 면역력에도 관여하기 때문에 장을 건강하게 해야 한다."라고 열심히 홍보했습니다. 새로운 시장을 혼자서 개척하느라 매우 고군분투했죠. 당시 필자는 물론

이고 몇몇 투자자들도 제품 샘플을 선물 받아 복용을 해보았습니다. 필자는 변비가 없었음에도 복용 후 화장실에서 매우 인상 깊은(?) 경험을 했던 것으로 기억합니다. 그 경험에 대해서는 여기서 자세히 서술하지는 않겠습니다.

직접 경험을 한 필자는 쎌바이오텍을 매수 추천하기로 마음먹습니다. 쎌바이오텍은 까다롭기로 유명한 암웨이(Amway)를 통해 우리나라뿐 아니라 프로바이오틱스의 본고장 유럽을 포함한 다양한 국가에 수출하고 있어 매력적이었습니다. 당시 필자는 기관투자자들과의 미팅에서 쎌바이오텍을 추천하면서 그 회사가 갖고 있는 고유의 경쟁력에 대해 이야기하기보다는 왜 프로바이오틱스를 먹어야 하는지에 시간을 더 할애했던 것으로 기억합니다. 쎌바이오텍과 함께 홍콩, 싱가포르, 미국 등 해외 투자자들을 만나러 떠나기도 했습니다. 역시 그들의 프로바이오틱스에 대한 인식은 우리나라와 크게 다르지 않았습니다. 아시아는 물론이고 미국 투자자들조차도 "그거 요구르트 먹으면 되는 거 아니야?"라는 질문을 많이 했던 것으로 기억합니다. 필자의 대답은 이랬습니다. "같은 효과를 보려면 아마 너는 요구르트 몇십 개는 먹어야 될 거야. 그리고 요구르트에는 당이 엄청 많아. 그렇게 요구르트를 먹으면 몸에 해로울 거야."였죠. 어찌 되었건 주변에서도 여러 사람들의 간증(?)이 이어지고 건강 관련 TV 프로그램에서도 슬슬 프로바이오틱스에 대해 다루기 시작하면서, 프로바이오틱스는 붐을 타기 시작했습니다. 강력한 이익 성장을 예상한 필자는 2013년 1월부터 쎌바이오텍을 본격적으로 파기 시작했습니다.

KOSDAQ

쎌바이오텍 (049960)

BUY (initiate)

주가(1/29)	20,150원	유동주식비율	39.1%	시장 수정EPS 성장률 (3yr CAGR)	10.8%
적정주가	32,000원	60일 평균 거래량	100,750주	52주 최고/최저가 (보통주)	21,350원
신강시 투자선호도	★★★	60일 평균 거래대금	20억원		13,700원
시가총액	1,894억원	외국인보유비중	6.6%	베타 (12M, 일간수익률)	1.1
발행주식수 (보통주)	9,400,000주	수정EPS 성장률(13-15 CAGR)	16.5%	주요주주	정명준 등 25.1%

결산기말	12/11A	12/12A	12/13F	12/14F	12/15F
(적용기준)	(IFRS-C)	(IFRS-C)	(IFRS-P)	(IFRS-P)	(IFRS-P)
매출액 (십억원)	23.3	25.9	30.3	36.1	42.0
영업이익 (십억원)	5.7	6.5	8.6	10.1	12.1
순이익 (십억원)	5.2	6.1	6.9	8.1	9.7
지배기업순이익 (십억원)	5.2	6.1	6.9	8.1	9.7
EPS (원)	674	795	889	1,047	1,258
수정EPS (원)	674	795	889	1,047	1,258
PER· (배)	10.6 - 6.3	22.6 - 7.2	23.4 - 15.1	19.2	16.0
PBR (배)	1.4	3.7	3.5	3.1	2.6
EV/EBITDA (배)	5.6	20.0	15.4	13.2	10.4
배당수익률 (%)	2.6	0.9	0.0	0.0	0.0
ROE (%)	16.4	18.0	16.3	17.5	17.6
ROIC (%)	36.7	43.6	109.4	129.4	161.9

적용기준: IFRS-C =연결재무제표, IFRS-P =개별재무제표
자료: 쎌바이오텍, 현대증권

주가상승률	1개월	3개월	6개월
절대	5.5%	13.5%	25.9%
상대	1.7%	17.6%	32.2%

넓은 시장을 개척할 경쟁력 있다

프로바이오틱스 글로벌 강자

동사는 1995년 설립되어 2002년 KOSDAQ에 상장된 프로바이오틱스 전문생산업체이다. 프로바이오틱스란 당류를 에너지원으로 사용하여 다량의 유산과 2차 기능성 성분을 생성하는 장내 유익균이다. 항체생산을 증강하여 악성면역을 활성화하는 등의 면역조절 작용을 한다. 매출은 Amway를 통한 OEM('뉴트리라이트')과 자체 브랜드인 '듀오락'을 통해 발생된다. 국내에서는 약 45%의 점유율로 1위를 차지하고 있으며 현지 제약사들을 통해 미국, 아시아, 유럽 등으로 수출된다. 수출비중은 약 60%이다. 프로바이오틱스 배양기술을 갖춘 글로벌 주요 경쟁사는 4개 업체(덴마크 크리스챤 한센, 다니스코, 일본 모리나가, 프랑스 로셀)에 불과하다. 특히 유산균 종주국인 덴마크에서는 점유율 70%로 1위를 차지하는 등 품질을 전세계적으로 인정받고 있다. 국내 최대의 종균을 보유하고 있어 고객사의 요구대로 종균배합이 가능하며 자체기술인 이중코팅 기술을 보유하고 있다는 점이 동사의 성공원인으로 분석된다.

이중코팅 기술로 재구매율 60% 이상의 높은 충성도

동사는 국내, 일본, 유럽 등에서 이중코팅에 대한 특허를 보유하고 있다. 이중코팅은 위산에 불안정한 유산균이 장까지 안전하게 도달할 수 있게 해주기 때문에 타 제품 대비 효능이 뛰어나다. 다양한 제품으로 아이, 어른 등 남녀노소 구분없이 모두가 복용할 수 있으며 높은 잠재수요가 예상된다. 재구매율도 60%에 달할 정도로 소비자들이 강한 충성도를 보이고 있어 '듀오락'의 판매신장은 장기지속될 전망이다.

지금은 아마 프로바이오틱스에 대해 모르는 분이 없을 테지만, 당시만 해도 이제 막 유명세를 탄 상황이었습니다. 쎌바이오텍의 실적과 주가는 함께 달리기 시작했습니다. 2013년 매출액 314억 원, 영업이익 105억 원이었던 실적은 2014년 매출액 407억 원, 영업이익 129억 원, 2015년 매출액 495억 원, 영업이익 187억 원으로 크게 뜁니다. 주가도 2015년 초 7만3,000원까지 상승했습니다. PER도 15배부터 45배까지 리레이팅되었습니다. 역시 주가가 가장 많이 오를 때는 실적과 멀티플 (PER, PBR, PSR, PCR 등의 배수로 표현되는 지표)이 함께 확장될 때입니다. 2013년부터 2015년까지 영업이익은 105억 원에서 187억 원으로 78% 늘었지만 주가는 거의 4배 뛰었기 때문입니다.

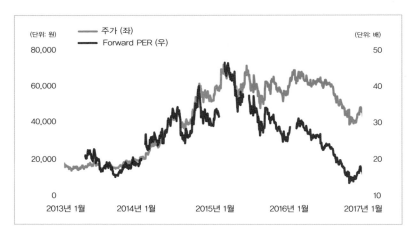

쎌바이오텍의 2013년부터 2017년 초까지 주가와 PER

(출처: 저자 직접 작성)

내가 산 주식은 왜 안 오를까?

그러나 프로바이오틱스 시장이 개화하기 시작하면서 슬슬 경쟁 제품들이 치고 들어옵니다. 대기업을 포함한 많은 회사들이 너도나도 가격 경쟁력을 갖고 프로바이오틱스를 출시했고, TV 광고도 공격적으로 하면서 소비자들에게 어필했습니다. 필자는 걱정되기 시작했습니다. 하지만 듀오락의 가격은 여전히 5만 원 수준을 고수하고 있었습니다. 당시 회사의 철학은 "우리 제품은 프리미엄이다."였기 때문입니다. 필자도 개인적으로 가격이 저렴한 프로바이오틱스를 복용해봤지만 역시 듀오락만큼의 효과를 보지는 못해서 다시 듀오락으로 돌아갔던 기억이 납니다. 그렇지만 그것은 프로바이오틱스를 나름대로 장기 복용한 필자의 경우였고, 시장이 개화하면서 프로바이오틱스를 처음 접한 신규 고객들은 아무래도 가격이 싼 제품부터 접근하기 마련입니다.

2016년 실적은 매출액 582억 원, 영업이익 215억 원으로 2015년보다 영업이익이 15% 늘었습니다. 하지만 2015년 영업이익은 2014년보다 45% 늘었기 때문에 성장세가 둔화되고 있음을 느낄 수 있었습니다. 2017년 매출액은 610억 원, 영업이익은 226억 원을 기록했는데, 매출과 영업이익 증가 폭이 5%에 불과했습니다. 경쟁이 점차 치열해지고 있음을 직감할 수 있었습니다.

성장성을 유지하기 위해서 회사는 새로운 돌파구를 찾아야만 했습니다. 이를테면 비교적 수익성 낮은 암웨이향 물량 비중을 줄이고 자체 브랜드로 해외 수출 비중을 높이는 전략 등이 있겠습니다. 하지만 쉽지 않았습니다. 2018년 매출액은 625억 원으로 전년 대비 2% 늘었지만 영업이익은 급기야 4% 감소했습니다. 수년 만에 보는 영업이익 감소였습니다. 영업이익률도 2017년 37%에서 2018년 35%로 소폭 내려왔습니다.

그러다 회사에 큰 악재도 발생했습니다. 암웨이가 프로바이오틱스 공급 파트너를 교체하면서 전체 매출에서 큰 비중을 차지하던 암웨이향 매출이 사라진 것입니다. 자체 브랜드 매출 비중을 충분히 확보하는데 실패한 쎌바이오텍은 결국 실적에 큰 타격을 입게 됩니다. 2019년 매출액이 460억 원으로 전년 대비 26% 떨어지고 영업이익은 58억 원으로 73% 급감했습니다. 매출이 급감하는 경우, 회사의 고정비는 그대로 지출되기 때문에 영업이익의 감소폭은 매출의 감소폭보다 더 크게 나타납니다.

주가는 어떻게 되었을까요? 2016년 영업이익 증가율이 15%로 꺾이기 시작했는데, 주가는 이를 선반영하여 2016년 초부터 슬슬 하락세를 나타냈습니다. 멀티플도 함께 녹아내리며 디레이팅되었음을 알 수 있습니다. 심지어 2019년 하반기부터는 쎌바이오텍을 커버하는 애널리스트가 사라지며 실적 예상치도 사라져 PER 차트도 끊겨버립니다.

역시 주가는 실적이 터지면서 오릅니다. 그리고 그 성장세가 둔화되기 시작하면 주가 상승세도 둔화된다는 것을 이번 케이스에서도 확인할 수 있었습니다. 쎌바이오텍과 유사한 주식을 보유한 경우, "영업이익이 여전히 5% 늘어났는데 주가가 왜 빠지지?"라는 의문을 가져본

내가 산 주식은 왜 안 오를까?

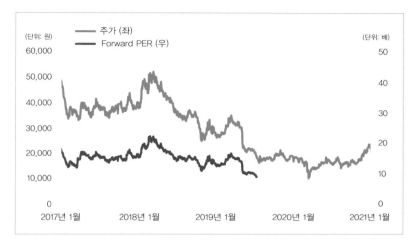

쎌바이오텍의 2017년부터 2021년 초까지 주가와 PER

(출처: 저자 직접 작성)

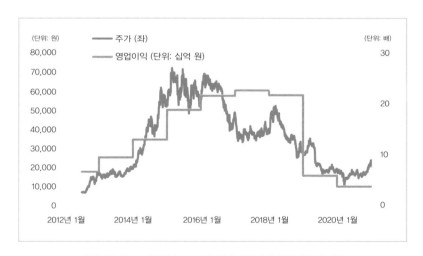

쎌바이오텍 2013년부터 2020년 말까지 주가와 영업이익 증가율

(출처: 저자 직접 작성)

적이 있다면 바로 이런 이유 때문입니다. 성장주는 성장이 꺾일 때 주가가 떨어진다는 점을 명심하시기 바랍니다.

3) 크루셜텍(114120)

> – 싸다면 반드시 싼 이유가 있고, 그 이유를 파악해야 한다
> – 기술주는 트렌드도 중요하지만 타사 대비 기술적 우위가 명확해야 한다
> – IT 부품주는 경쟁이 치열하며, 벤더로 신규 채택되기는 매우 어렵다

크루셜텍은 2001년 4월 설립되어 2010년 7월 상장한 IT부품업체입니다. 지금은 추억이 되어버린 휴대폰 블랙베리에 OTP(Optical Trackpad)라는 부품을 독점 납품한 것으로 알려진 회사입니다. 처음에 상장했을 때는 국내 투자자들로부터 크게 관심을 끌지 못했습니다. 필자도 이 회사와 미팅을 했습니다만 대부분 투자자들의 질문은 "삼성에도 납품하나요?"였습니다. 하지만 국내에서 다소 생소한 블랙베리에만 납품한다는 이야기를 듣고는 많이들 실망했습니다. 독점으로 납품하는데도 말이죠.

주가에 급반전이 나타난 것은 회사가 해외 IR을 하기 시작하면서부터였습니다. 해외에서는 블랙베리가 많이 보급된 상황이었거든요. 블랙베리에만 있던 특징 부품인 OTP를 단독으로 납품하고 있다고 하니, 해외투자자들의 반응은 가히 폭발적이었습니다. 참고로 OTP는 손가

내가 산 주식은 왜 안 오를까?

블랙베리의 OTP

락으로 휴대폰 화면의 커서를 움직이는 블랙베리 고유의 입력 도구입니다.

외국인 지분율이 급증하면서 주가도 탄력을 받았습니다. 주가가 급등하자 뒤늦게 국내 투자자들도 관심을 갖기 시작했죠. 역시 주식은 투자자에게 직접적으로 와닿아야 오르는가 봅니다. 그러나 블랙베리가 새로 출시된 스마트폰인 아이폰에게 잠식당하면서 크루셜텍의 실적과 주가 역시 곤두박질칩니다.

실적에 큰 타격을 입은 크루셜텍은 새로운 성장 동력으로 스마트폰

(단위: 원) ─ 수정주가 ─ 외국인지분율   (단위: %)

160,000 ·· 70

·· 60

120,000 ··· 50

·· 40

80,000 ··· 30

·· 20

40,000 ··· 10

0 ·· 0

2010년 7월 2011년 1월 2011년 7월 2012년 1월 2012년 7월 2013년 1월

2010년부터 2013년 초까지 크루셜텍의 주가와 외국인 지분율 추이

(출처: 저자 직접 작성)

용 지문 인식 센서를 개발합니다. 당시에 아이폰이 지문 인식 방식을 채택하면서 지문 인식을 탑재한 휴대폰 출시가 이어지던 상황이었습니다. 크루셜텍은 아이폰이나 삼성을 제외한 중국 스마트폰 제조사들에게 지문 인식 센서를 납품하기 시작했습니다. 지문 인식 스마트폰 비중이 높아질 것이라고 생각한 필자는 2015년 2월, 당시 재직 중이던 다이와증권에서 크루셜텍에 대해 분석을 개시했습니다.

회사는 단기적으로 삼성전자와 같은 큰 기업들에게는 납품하지 않지만, LG전자에 새로 납품하면서 실적이 좋아질 것이라고 믿었습니다. 당시 크루셜텍의 PER도 굉장히 낮았습니다. 글로벌 지문 인식 모듈 업체들의 2016년 PER 평균이 18배였던 반면 크루셜텍의 2016년 PER

내가 산 주식은 왜 안 오를까?

은 9배에 불과했습니다. 그때 필자는 크루셜텍의 부품이 채용되는 비중이 낮지만 이 부분이 올라가면 실적과 밸류에이션이 함께 개선될 것이라고 믿고 투자자들에게 매수를 추천했습니다. PER이 낮았기 때문에 목표 주가의 상승 여력도 90% 이상이었습니다.

그런데 생각보다 크루셜텍의 부품은 적극적으로 채택되지 않았습니다. 게다가 중국과 대만의 경쟁 업체들이 낮은 단가로 시장에서 치고 올라오고 있다는 외국인 투자자의 피드백을 들었습니다. 상대적으로 낮았던 PER은 투자자들의 이러한 우려에 기인한 것이었습니다. 실적이 예상처럼 잘 나오지 못할 것이라는 생각이 드니까 예상 실적을 기반으로 형성된 PER은 동종 업체들보다 상대적으로 낮을 수밖에 없는

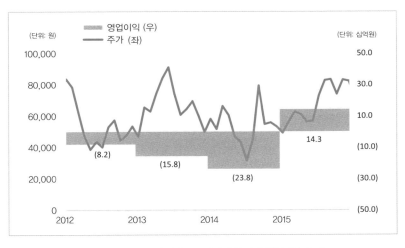

2012년부터 2015년까지 크루셜텍의 주가와 영업이익 추이

(출처: 저자 직접 작성)

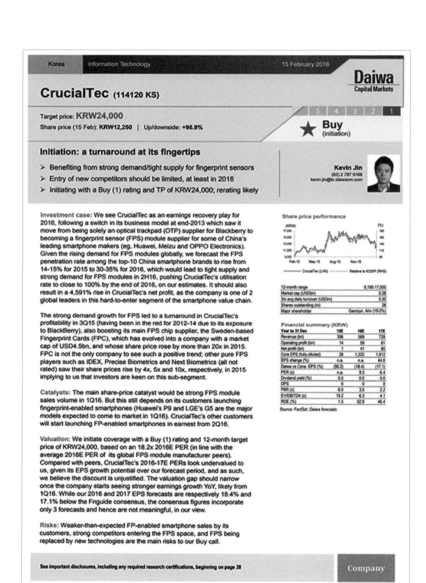

(출처: 저자 제공)

내가 산 주식은 왜 안 오를까?

것입니다. 주가는 필자가 커버하던 초기엔 상승세를 타는 듯했지만 슬픈 예감은 틀린 적이 없듯, 크루셜텍의 지문 인식 센서는 중국 업체들의 공세로 기를 펴지 못했습니다. 그에 따라 매년 실적은 처참했고 주가 역시 그러했습니다. 결론적으로 필자에게 크루셜텍은 실패한 세일즈가 되었습니다.

이 이야기엔 여러 교훈이 있습니다. 가장 먼저 IT부품산업에선 기술적 우위가 확실해야 한다는 것입니다. 또한 부품 회사들이 대형 업체들의 밸류체인(가치사슬)에 신규 진입하여 부품을 납품하는 것이 얼마나 어려운지, 타 업체들과의 경쟁은 얼마나 치열한지도 알 수 있습니

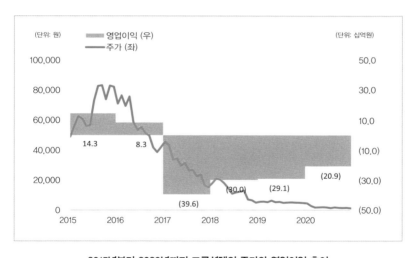

2015년부터 2020년까지 크루셜텍의 주가와 영업이익 추이

(출처: 저자 직접 작성)

다. 마지막으로 PER이 타 업체들보다 낮은 기업에 투자할 때는 싸다고 무턱대고 살 것이 아니라 PER이 왜 낮은지를 파악해보고, 그 디스카운트 요소가 향후에 해소될 수 있을지를 고민해야 한다는 점도 말해줍니다.

epilogue

주식투자의
'넥스트 레벨'로
올라섰기를 바랍니다

증권사 애널리스트 생활을 마치고 새로운 도전을 위해 바이오 회사로 이직을 했습니다. 지난 13년간 애널리스트로 근무하면서 배우고 느꼈던 주식투자에 대한 이야기들을 정리해서 책으로 남기고 싶었습니다.

　주식 공부를 하는 분들은 많습니다. 대부분 뜨는 산업에 관심을 가지고 그 산업의 밸류체인(Value Chain)을 조사하며 수혜주가 무엇인지에 집중합니다. 하지만 주식시장이 어떤 방식으로 돌아가는 것인지, 투자하고자 하는 수혜주의 가치가 얼마인지, 얼마에 사야 하고 얼마에 팔아야 하는지를 공부하는 분들은 많지 않습니다. 필자는 이 부분을 쉽고 재미있게 풀어보고자 노력했습니다. 쉽고 흥미롭게 읽으셨다면 목표는 이루어진 것입니다. 그리고 더 나아가 주식시장이나 종목을

내가 산 주식은 왜 안 오를까?

바라보는 새로운 시각을 얻으셨거나, 앞으로 어떤 부분을 더 공부해야 할지 느끼셨다면 필자는 더할 나위 없이 영광이겠습니다.

인생은 한 번뿐이니 즐기자는 모토의 YOLO(You Only Live Once)라는 단어가 한창 유행이었습니다. 그러나 그 단어는 쏙 들어가고 이제는 '벼락 거지'라는 말이 더 많이 들립니다. 세상은 빠르게 변하고 있고 예전처럼 묵묵하게 일만 하면 뒤처질 수밖에 없는 현실입니다. 필자 역시 이러한 변화에 위협을 느끼고 살아가고 있는데요, 우리 모두가 넓은 시야로 세상을 바라보고 변화 속에서 투자 기회를 찾아낼 수 있는 투자자가 되기를 희망합니다.

Level UP 비결
10가지 총정리

1. **"대체 왜 이렇게 좋은 상황에 주가가 안 오르는 거지?"** 주가는 언제나 미래의 이벤트를 미리 반영합니다. 이것이 기본 메커니즘입니다. 생각대로 주가가 움직이지 않을 경우, 내가 기대한 이벤트가 이미 주가에 반영되어 있진 않나 고민해 볼 필요가 있습니다. 그렇다고 주식투자를 잘하기 위해서 먼 미래를 내다보는 천재가 될 필요는 없습니다. 그저 대중보다 '반' 발자국만 앞서면 됩니다. 이는 꾸준한 노력으로 충분히 실현 가능합니다.

2. **주식투자를 할 땐 시장이 무엇을 기대하고 있는지 알아야 합니다.** 그리고 그 시장의 기대치가 정말로 실현될 수 있을지를 분별할 수 있어야 합니다. 또한 뉴스를 접할 땐 그 뉴스가 기업의 경영이나 주가에 미칠 파급 효과와 강도를 가늠할 수 있어야 합니다. 더 나아가 해당 뉴스가 주가에 이미 반영되어 있는지 여부도 판단할 수 있어야 하죠. 시장의 기대치를 파악하는 가장 대표적인 지표 중 하나는 기업의 실적입니다. 기업이 실적을 발표하면 미리 시장의 기대치(컨센서스)를 파악하여, 이를 상회했는지 하회했는지를 판단할 수 있어야 합니다. 또한 해당 실적이, 일회성 요인이 없는 지속 가능한 실적인지도 파악할 수 있어야 하죠.

내가 산 주식은 왜 안 오를까?

▼ 실적발표 해석법

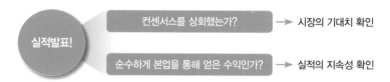

3. 투자 목적은 명확해야 합니다. 본인이 희망하는 수익률과 예상 보유 기간에 따라 투자할 종목이나 콘셉트가 달라집니다. 투자자 각자가 처한 상황이 다르기 때문에 무조건적인 장기투자를 권하지는 않습니다. 그러나 단기로 투자하든 장기로 투자하든 그에 맞는 콘셉트의 주식을 골라야 합니다.

4. 어떤 회사인지 간략하게라도 알고 투자해야 합니다. 어떤 사업을 영위하고 있으며, 매출이나 이익 비중이 가장 큰 사업은 무엇인지, 주로 어느 지역에서 매출이나 이익이 발생하는지 등. 이익의 스윙팩터를 숙지해야 합니다. 그리고 스윙팩터의 변화를 꾸준히 팔로우업하면 보다 효과적인 주식투자를 할 수 있습니다.

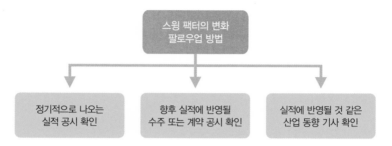

5. 투자하기 좋은 주식이란?

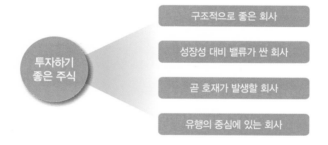

6. **손실 난 주식을 파는 것을 두려워하지 말아야 합니다.** 주식투자는 시장과의 싸움이지 특정 종목과의 싸움이 아닙니다. 지금 들고 있는 주식이 올라서 손실을 만회하길 기다리기 보다는 현재의 손실을 만회해 줄 다른 종목을 빨리 찾아야 합니다. 50% 손실 난 주식으로 원금을 회복하려면 주가가 손실이 난 기점으로 100% 상승해야 합니다. 무작정 기다리는 것만이 꼭 정답은 아닙니다. 현재 내가, 혹은

기업이 처한 상황을 냉철하게 바라볼 수 있어야 올바른 투자 판단을 내릴 수 있을 것입니다.

7. 주식을 과감하게 매도해야 할 때

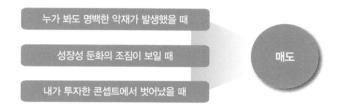

8. PER은 성장성과 그 가시성을 대변해주는 유동적인 지표입니다. 고(저) 성장이 예상될 때 PER이 높(낮)아지기 때문에 PER이 무조건 높다고 비싼 것도, 낮다고 싼 것도 아닙니다. 이익 성장이 확대(축소)될 때 기업의 주가는 리레이팅(디레이팅)됩니다. 리레이팅되는 경우에는 앞으로 더 많은 돈을 벌게 될 것이라고 투자자들이 생각하기 때문에 실제 이익 성장보다 주가 상승이 더 가파르게 나타납니다. 반면 디레이팅될 때는 투자자들이 앞으로 성장세가 둔화될 것이라고 믿기 때문에 한두 분기 실적이 잘 나와도 주가가 힘 있게 삔지를 못합니다. 따라서 PER 지표로 기업을 투자할 땐 PER의 높고 낮음을 성장성과 함께 고려하시기 바랍니다. 이를 잘 말해주는 대표적인 지표로 PEG가 있습니다.

▼ 기업가치 평가 단계

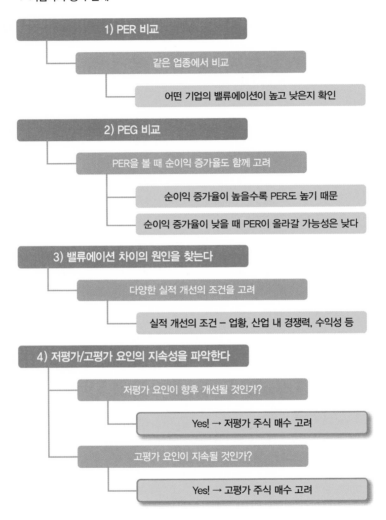

1) PER 비교

같은 업종에서 비교

어떤 기업의 밸류에이션이 높고 낮은지 확인

2) PEG 비교

PER을 볼 때 순이익 증가율도 함께 고려

순이익 증가율이 높을수록 PER도 높기 때문

순이익 증가율이 낮을 때 PER이 올라갈 가능성은 낮다

3) 밸류에이션 차이의 원인을 찾는다

다양한 실적 개선의 조건을 고려

실적 개선의 조건 – 업황, 산업 내 경쟁력, 수익성 등

4) 저평가/고평가 요인의 지속성을 파악한다

저평가 요인이 향후 개선될 것인가?

Yes! → 저평가 주식 매수 고려

고평가 요인이 지속될 것인가?

Yes! → 고평가 주식 매수 고려

내가 산 주식은 왜 안 오를까?

9. **소문난 잔치를 경계해야 합니다.** 수익률이 좋다고 소문이 나면 그곳에 돈이 몰립니다. 그러다 보면 나중에는 점점 수익률이 낮아집니다. 2021년에 불었던 IPO열풍이 이를 잘 말해줍니다. 이럴 땐 오히려 대중과 반대로 움직여야 좋은 투자 기회를 찾을 수 있습니다.

10. **예측하지 말고 대응하세요.** 우리는 알 수 없는 미래를 예측하기 위해 노력하고 매번 틀립니다. 언론에서는 주식, 부동산, 경제 상황에 대한 버블 붕괴 우려를 자주 표합니다. 때론 바닥을 논하며 저가 매수를 외칩니다. 하지만 과거를 돌이켜 보면 꼭지와 바닥은 언제나 우리도 모르게 갑자기 찾아왔습니다. 미래를 예측해서 투자하기보다는, "어떤 일이 발생하면 어떻게 하겠다"라는 시나리오별 대응책을 마련해 놓는 것이 현실적인 투자 방안이 될 것입니다.

내가 산 주식은 왜 안 오를까?

초판 1쇄 발행 2021년 11월 17일
초판 2쇄 발행 2021년 11월 22일

지은이 진홍국
브랜드 경이로움
출판 총괄 안대현
기획·책임편집 오혜미
편집 오승희, 박수현
본문디자인 신미연 **표지디자인** 김윤남

발행인 김의현
발행처 사이다경제
출판등록 2021년 7월 8일 제2021-000224호
주소 서울특별시 강남구 테헤란로33길 13-3, 2층(역삼동)
홈페이지 https://cidermics.com/
이메일 gyeongiloumbooks@gmail.com (출간 문의)
전화 02-2088-5754 **팩스** 02-2088-5813
종이 다올페이퍼 **인쇄** 천일문화사
ISBN 979-11-975636-0-7 (03320)